图书馆管理与信息服务创新研究

万真真 著

吉林摄影出版社
·长春·

图书在版编目（CIP）数据

图书馆管理与信息服务创新研究 / 万真真著. — 长春：吉林摄影出版社，2023.10
ISBN 978-7-5498-6004-3

Ⅰ．①图… Ⅱ．①万… Ⅲ．①图书馆管理－研究②情报服务－研究Ⅳ.G251②G252.8

中国国家版本馆CIP数据核字(2023)第195329号

图书馆管理与信息服务创新研究
TUSHUGUAN GUANLI YU XINXI FUWU CHUANGXIN YANJIU

著　　者	万真真
出 版 人	车　强
责任编辑	王维夏
封面设计	文　亮
开　　本	787毫米×1092毫米　1/16
字　　数	230千字
印　　张	10.5
版　　次	2023年10月第1版
印　　次	2023年10月第1次印刷
出　　版	吉林摄影出版社
发　　行	吉林摄影出版社
地　　址	长春市净月高新技术开发区福祉大路5788号
	邮编：130118
网　　址	www.jlsycbs.net
电　　话	总编办：0431-81629821
	发行科：0431-81629829
印　　刷	河北创联印刷有限公司
书　　号	ISBN 978-7-5498-6004-3　　　　定　价：56.00元

版权所有　　侵权必究

前　言

在当今快速发展的信息社会中，图书馆作为信息资源的主要提供者和知识传播的重要场所，扮演着至关重要的角色。然而，随着数字化和技术创新的兴起，图书馆管理和信息服务面临着新的挑战和机遇。为了适应不断变化的用户需求和信息环境，图书馆管理者需要不断探索创新的服务模式和技术应用，以提供更加便捷、高效、个性化的信息服务。

当前，IT 界及各大厂商已经看到了大数据蕴含的商业价值，开展了一定的产品研发与商业应用，而对于存储信息、传播知识、提供信息服务的高校图书馆来说，如何运用大数据思维，采用先进科学技术，从大数据中去分析和挖掘潜在的有价值的信息，创新和提高自己的信息服务模式和能力，改善用户获取信息和利用知识的服务平台，将越来越成为其今后业务的主要内容，也是其构筑核心竞争力的重要途径。

高校图书馆信息服务工作是面向大众的，要随时根据读者的需求，进行创新与改善，所以信息服务要与时俱进，在大数据时代到来之际，能用长远的眼光看到未来的发展，在它出现之初，就及时将其引用到图书馆服务中，使图书馆服务能得以创新，从而构筑图书馆的核心竞争力。

本研究的意义在于促进图书馆管理与信息服务领域的创新思维和实践探索。通过深入研究图书馆的管理模式、技术应用和服务创新，我们可以为图书馆界提供有关如何有效管理和提供优质信息服务的可行方法和策略。我们期待本研究的结果能够对图书馆行业的发展和改进产生积极的影响。

由于成书时间仓促，难免有不妥之处，请各位读者、专家多提宝贵意见。

目 录

第一章 图书馆管理概述 ·· 1

    第一节 图书馆管理理论的产生与发展 ···························· 1

    第二节 图书馆的质量管理 ·· 5

    第三节 图书馆的业务管理 ·· 9

    第四节 图书馆的服务管理 ·· 13

    第五节 图书馆的行政管理 ·· 20

    第六节 图书馆的安全管理 ·· 25

第二章 大数据环境下的图书馆服务 ······························ 29

    第一节 图书馆服务理念 ·· 29

    第二节 图书馆服务内容 ·· 34

    第三节 图书馆服务职能 ·· 40

    第四节 图书馆服务管理 ·· 47

第三章 信息服务 ·· 52

    第一节 信息服务手段与模式 ······································ 52

    第二节 信息服务的演变过程 ······································ 72

第四章 大数据对高校图书馆信息服务的影响 ·············· 76

    第一节 咨询服务 ·· 76

    第二节 服务方式 ·· 82

    第三节 服务环境 ·· 89

    第四节 服务模式 ·· 98

第五章 高校图书馆信息服务的模式 ······························ 105

    第一节 个性化服务模式 ·· 105

第二节　嵌入式服务模式……………………………………………109
　　第三节　高校图书馆知识服务模式…………………………………112
　　第四节　高校图书馆信息共享服务模式……………………………115
　　第五节　高校图书馆信息服务模式综合体系构建…………………120

第六章　个性化信息服务发展路径……………………………………125
　　第一节　高校图书馆个性化信息服务概述…………………………125
　　第二节　个性化信息服务问题与对策研究…………………………133
　　第三节　高校图书馆个性化信息服务系统模型构建………………144
　　第四节　构建完善高校图书馆信息服务模式的建议………………151

参考文献…………………………………………………………………160

第一章 图书馆管理概述

第一节 图书馆管理理论的产生与发展

随着信息化时代的到来，现代图书馆的作用日渐彰显。然而，由于一些图书馆存在着管理理念落后、管理手段粗劣的问题，致使图书馆界整体管理水平相对低下，现代图书馆的管理效果不能充分实现，离社会对图书馆的要求和图书馆自身所能够发挥的作用相差很远。同时，当今的图书馆管理研究，还存在着理论储备不足的缺陷，大多数研究局限于就现象谈现象，缺乏理论深度。本节力图通过评析管理理论，从中寻求适合图书馆发展运作的管理理论，为现代图书馆管理理论研究寻找新突破点。

一、近代以来主要管理理论概述

管理就是通过和依靠正式组织团体中的人们去完成任务。管理是指通过建立一个环境，对组织的任务进行编组，使人们能够通过个人的工作和集体的合作来达到既定目标。

（一）系统管理理论

系统管理理论流行于20世纪中期，代表人物是美国管理学者切斯特·巴纳德，他认为组织是一组相互联系和相互制约的要素，并按一定方式形成的整体。组织要想达到它的目标，各组成要素就要围绕组织目标开展活动，管理者要对各种要素加以协调，确保组织目标的实现。

（二）决策管理理论

决策管理理论的代表人物是赫伯特·A.西蒙，他特别强调决策在管理中的作用，甚至将决策等同于管理，认为决策工作贯穿管理工作的始终。他认为最优决策的状态是无法达到的，只要能够做出足够的决策就可以了。

（三）权变管理理论

权变管理理论是20世纪70年代形成的，也称为情境方法，旨在通过具体问题具体分析，找出解决问题的方法。权变管理理论否认存在最佳的管理方法，认为方法的应用要根据环境的客观情况，采取不同的管理方法。权变管理理论重视对组织内部条件和外部环境的分析，认为环境的不确定性程度影响着管理过程。

（四）管理科学理论

管理科学理论称为运筹学或定量方法，主要是利用大量的应用数学、统计学、计量学等定量研究工具，通过建立模型，寻求问题的最佳解决方法。定量方法的影响程度有限，主要是因为这种方法掌握起来有一定难度，许多管理者不熟悉数量工具，很多问题又很难通过量化指标来评价。同时，行为变量过多，结果也难以确定。

（五）战略管理与竞争战略管理理论

战略思想应用于企业管理是从20世纪50年代开始，60年代后进入高潮，到70年代战略管理形成一门独立的学科。战略管理主要研究的是组织整体发展规划的问题，侧重于回答组织在竞争环境中，如何适应环境的变化、如何树立竞争优势的问题，为组织的发展指明道路。

（六）知识管理理论

知识管理的理论与实践源于20世纪80年代初期，80年代末逐渐兴起，许多知识管理的项目开始实施，有关论文和著作纷纷涌现。知识管理就是通过把组织的信息处理能力、组织成员的创新能力、组织的文化和制度结合起来，提高组织的核心竞争力，增强组织对环境的适应能力。知识管理的一个重要方面就是建立学习型组织。学习型组织的核心在于通过解决问题和提升员工的学习能力来获得和保持竞争优势。

二、图书馆管理理论的发展

黄宗忠认为，管理是一种生产力，是联系图书馆各要素之间的纽带。他认为图书馆管理是计划、组织、指挥、控制、协调图书馆工作中的人力、物力、财力的合理运动，达到以最少的消耗来实现图书馆的既定目标，取得最好的效果完成图书馆过程任务。图书馆管理学是一门综合性的应用学科，具有整体性、联系性、有序性、均衡性和目的性的特点，以图书馆系统的管理活动为研究对象。

（一）图书馆的经验管理

图书馆经验管理自新中国成立初期到20世纪90年代一直占主要地位，实践证明，这种管理体制存在一定的不足。图书馆的经验管理就是凭个人或群体过去的实践所获得的知识与技能对图书馆进行管理，既不考虑社会的发展与变化，也不考虑创新，过去怎样做，今天仍怎样做。

图书馆经验管理主要有三种表现形式：①凭单位过去的经验管理。②凭领导个人的经验管理，领导来自哪个行业，就用哪个行业的方法管理图书馆。③凭图书馆馆员的经验进行管理，主要形式是以老带新，代代相传。从这些表现可以看出，在不否认人类宝贵经验的基础上，单纯的经验管理存在很多问题，如管理体制不健全、工作效率低、管理目标模糊、管理方法手段落后，等等。虽然在经验管理下的图书馆工作也取得了一定发展，但多是量的扩大，少有质的提升。

（二）图书馆的目标管理

图书馆目标管理的主张是建立在管理过程学派、经验主义学派、行为学派、社会系统学派、决策理论学派、数学学派等许多思想学派对基本管理理论和实践所做的贡献的基础之上的。沃伦·B.希克斯认为目标管理理论是一种最适合当今图书馆特点的理论，因为目标管理理论整合了各种管理理论系统的不同部分，并将其结合起来。

在目标管理中，目标被认为是一个要达到的条件，或者是一个为实现现代图书馆利用多载体资源这一理想必须具备的条件。任何一个特定的现代图书馆，其目标都应把所有管理部门试图提出的条件包括进去。图书馆目标管理兴起于20世纪80年代末，但没有造成较大的影响，持续时间也不够长，因为目标会随着社会和科学技术的发展而不断更改，这不利于工作的连续性，有时会造成管理上的脱节。

（三）图书馆的权变管理

权变管理理论是20世纪70年代在美国兴起的。黄宗忠先生在文献中建议将权变管理理论应用于图书馆管理中，使图书馆管理的思想、方法、方式等与变革的社会环境相适应。因为图书馆管理是一个动态的过程，要与图书馆的特定外部环境（如出版发行部门、读者、竞争者等）的变化活动相适应，并适时采取相应的管理对策。

权变管理理论应用于图书馆的管理思想上，可以解放图书馆管理观念，建立辩证管理、立体管理、应变管理、扬弃管理、实事求是管理的思想。权变管理理论应用于图书馆人事管理上，应把握好四点，即馆员的需求、管理的方式、馆员的素质和对馆员的激励。权变管理理论在图书馆组织结构方面的应用，包括以下三项内容：①权变组织观的最终目的在于提出最适于具体情况的组织结构设计和组织管理行动；②根据不同国情、馆情，设计和选择适宜的组织结构；③组织结构的变革要重视实验。此外，权变管理理论还可应用于图书馆领导方式上。由于图书馆所处的外部特定环境是不受图书馆直接控制的,所以权变管理理论对图书馆管理来说过于复杂,也没有得到广泛应用。

三、现代图书馆管理理论的创新

(一)学习型组织理论

学习型组织(Learning Organization)理论是20世纪90年代以来,在管理理论和实践中发展起来的一种全新的管理理念,是知识经济时代、信息社会的产物。学习型组织理论的创始人美国著名管理学家彼得·圣吉给其下的定义为:通过培养弥漫于整个组织的学习气氛,充分发挥员工的创造性思维而建立起来的一种有机的、高度柔性的、扁平的、符合人性的、能持续发展的组织。这种组织具有持续学习的能力,具有高于个人绩效总和的综合绩效。

学习型组织理论之所以能应用在图书馆管理中,是因为学习型组织与图书馆有许多相似的地方,主要表现在两方面:①学习型组织与图书馆均重视人的因素;②学习型组织与图书馆都是知识型的组织。学习型组织的理论主要体现为彼得·圣吉提出的"五项修炼",强调知识的重要性、个人的潜能、合作与共享的意识、团体的创新精神等。作为一整套管理模式,它包括管理目标、管理者与被管理者的关系、管理方式、管理技术、管理文化等管理的诸多方面,隐含着以人为本、知识共享、自我超越等管理价值观,因而是一种宏观管理模式。它不但适用于企业管理,而且适用于所有组织,包括图书馆组织。

图书馆作为信息和知识的集散地,是进行知识的生产和传递的知识型组织;而学习型组织是通过学习,熟练地创造、获取和传递知识的组织,同时,也善于修正自己的行为,以适应新的知识和见解。图书馆的工作性质和学习型组织的学习目标是一致的,"工作与学习融为一体",可以直接提高工作绩效,因而,图书馆更应该成为学习型组织。

(二)人本管理理论

所谓人本管理,就是以人为本的管理。管理的本质在于激励、引导人们去实现预定的目标;应当把人视为管理的主要对象和组织最重要的资源,全面开发人力资源;根据人的思想和行为规律,运用各种激励手段,充分调动人的积极性,发挥人的创造性,从而使组织活力不断增强。

人本管理理论是现代比较流行的一种管理理论,根据图书馆自身的特点,比较适合应用这一管理理论,原因主要有三点:

1. 图书馆是以人为主体组成的

没有人的运作，图书馆里再好的设备也不能正常发挥功能。

2. 图书馆是依靠人进行管理活动的

图书馆的各项管理环节均需要人去调控，人始终居于中心地位，发挥主导作用。

3. 图书馆最重要的资源是人才

对人才的合理配置是图书馆管理始终追求的目标。

图书馆人本管理是指在研究馆员心理和行为的基础上采用非强制性方式，在馆员心中产生一种潜在的说服力，从而把组织意志通过激励、互补、协调、软控制变为馆员自觉的行动，目的在于通过对馆员有效的激励，通过对图书馆工作环境的改善、和谐工作氛围的营造，通过对馆员进行分层次、有针对性的培训和教育，通过对馆员的真诚尊重、充分信任，最大限度地调动馆员工作的主动性、积极性和创造性，从而，促进馆员自身全面自由的发展，达到图书馆各方面工作的全面提升。美国图书馆学家施蒂格指出，人本价值观念是图书馆职业的核心。著名的图书馆学家谢拉更是明确主张，图书馆"实质仍然是人本主义的……图书馆学始于人本主义"。实践证明，图书馆因读者对信息的需求而存在，因馆员勤奋且努力的工作而发展，人是图书馆存在的基础和发展的动力，实施人本管理是图书馆发展的必然。

第二节 图书馆的质量管理

在信息化和市场经济日益完善的社会中，社会、个体对图书馆的服务水平和能力提出了更高的要求。人们获取所需知识和信息的途径是自由而多样的。因此，假如图书馆继续沿用传统的质量管理理念和服务方式，必然会导致图书馆读者的大量流失，缩小图书馆的服务领域，极大地削弱图书馆存在的社会价值。

一、图书馆全面质量管理的含义

全面质量管理（TQM）起源于美国。它原是企业界的一种管理思想和管理实践，注重以人为本的管理模式，强调全过程、全部门和全员的质量管理。从20世纪80年代开始，一些图书馆开始引进TQM模式。当今，作为一种新型有效的管理模式，TQM已经得到国内外图书馆学者的广泛认同。

图书馆全面质量管理是指图书馆为保障和提高服务质量，动员各部门和全体员工，综合运用管理技术、专业技术、思想教育、经济手段和科学方法，建立健全服务质量保证体系，对服务的全过程实行有效控制，从而开发、设计、生产和提供用户满意的产品和服务，做到最好质量、最低消耗、最优生产和最佳服务，最终实现不断提高服务质量的目标。

图书馆全面质量管理的主要内容有三：①全面的质量概念，是指服务的质量是由工作质量、工序质量、信息质量、人员质量、系统质量、目标质量等构成。②全过程的质量管理，是指图书馆质量管理要从图书馆的业务流程、工作环节、服务方式和手段、服务理念等不同层次彻底解决图书馆的质量问题。③全员参与，就是从图书馆高层领导者到一般员工都参与到质量管理工作中来，都要有强烈的质量意识，把提供高质量的产品和服务作为自己的职责，认识到只有每个人都保持工作的高质量，整个图书馆才能以高质量的形象出现在读者面前。这就要求图书馆全体员工树立"服务质量，人人有责"的意识，营造一个"人人关心服务质量、人人为服务质量负责"的良好环境。

二、实施质量管理的条件

（一）树立质量意识

在信息时代，所有的图书馆员都要树立质量意识，认识到质量是成功实施全面质量管理的前提和保证。图书馆工作人员的质量意识是促进服务质量提高的重要思想基础，有了强烈的质量意识，就会有强烈的工作责任感，就会牢记自己的职业道德，就会干出一流的工作。质量意识淡薄，提高服务质量也就成为一句空话。近年来，图书馆重藏轻用的观念已经有所转变，现代图书馆越来越提倡将读者放在各项工作的第一位。而读者最为重视的是当他们来到图书馆，将会得到怎样的信息产品和信息服务。树立"质量第一"的观念，也就是从读者的角度出发，为读者提供优质、快捷的产品和服务。同时，还要给读者降低成本。因此，"质量第一"的观念从根本上来说，也就是"读者第一"的观念。

图书馆"质量第一"观念的树立必须与图书馆的组织文化相一致。信息图书馆的组织文化是从组织的整体出发考虑的，而质量文化是组织文化的一部分，它强调的是全面质量管理，侧重于提高信息时代图书馆全体人员的质量意识、质量观念和质量管理技法。提高图书馆信息产品和信息服务的质量，最终是靠全体人员的工作来实现的，没有他们的参与，没有他们的积极性、主动性和创造性，质量是无法保证的。

（二）加强对读者的指导

读者服务工作是图书馆全部工作的出发点和落脚点，为读者提供高质量的文献信息服务是图书馆的根本宗旨。并不是所有读者都知道如何正确、有效地利用图书馆中的各种资源、技术和设备，这就要求图书馆要通过多种途径对用户进行辅导，以提高和增强他们利用图书馆的能力。

导读是图书馆员的基本且重要的任务之一，导读效果的好坏直接反映图书馆员的素质及技能的高低。图书馆员只有加强导读技能的训练，才能为读者提供高质量的服务。

导读工作是指图书馆员通过自己的努力，利用特定的条件与手段来提高读者的阅读效率。它包括指导读者利用图书馆、使用图书目录、利用工具书等方面。

（三）建立完善的质量管理制度

没有一定的质量规章制度和质量运行规范进行制约和控制，服务活动就不能科学、合理、高效地运转。服务质量管理制度并不在于多少，关键在于是否科学、适用、符合实际、便于操作。质量管理制度要具有权威性和稳定性，一旦确定就不能随意更改。在制定质量管理制度时，既要明确图书馆整体服务的质量目标，还应规定出具体质量标准。鉴于图书馆工作的复杂性和多样性，对服务成绩、服务效果、用户满意率等，不仅要有定量指标，同时也要辅之以定性指标。对服务过程中的每一个环节，要规定其质量职责和权限，使人人都清楚在岗位上应该干什么、怎么干，应该达到什么样的质量标准。

（四）建立奖励机制

将图书馆的绩效考核与奖励有机地结合在一起，能够增强馆员的成就感，同时也可以提高他们的工作积极性，不失为现阶段提高图书馆服务质量的一种有效方法。

奖励是以"以人为本"理念为基础，以人为重心的管理活动，追求管理活动的人性化。机制是人的行为的理性层面，它追求管理活动的制度化。所以，科学的奖励机制是以制度化为基础、以人为中心的人力资源管理。

奖励机制具有很强的激励作用：一是集合诱导作用，可以调动馆员的积极性。二是行为导向作用，指图书馆期望馆员所要努力的方向和行为方式。三是行为幅度控制作用，指诱导因素在激发馆员行为强度上的控制。四是行为时空导向作用，期望行为在一定时期和范围内发生并具有一定的连续性，防止馆员的短期行为。

三、质量管理的意义

（一）满足用户的不断需求

读者是图书馆产生、存在和发展的根本。可以说，没有读者就不会有图书馆，读者是图书馆的最终评价者。随着经济的高速发展，用户对图书馆服务提出了越来越高的要求。图书馆只有提供高效、高质量的服务，不断提高服务质量，以质量求生存、以质量求发展，才能使自己得到更大的发展空间，获得更多用户的满意与认可。因此，图书馆要根据读者的需求找出自己的不足之处，确定新的质量管理方针和质量管理目标，尽可能地满足读者的需求。对于某一读者的某一需求而言，图书馆的服务是一次性的，这就要求图书馆员必须一次性服务成功。否则，读者可能对图书馆产生不信任感，从而放弃使用图书馆。要确保馆员能一次性服务成功，实施全面质量的管理，建立质量管理体系则是重要的保证措施之一。

（二）推进图书馆工作的规范化

北京图书馆于1987年制定的《北京图书馆业务工作规范》，在当时对我国各类图书馆工作的规范化起到了积极作用。建立图书馆全面质量管理体系，可通过确定组织机构与职责、岗位工作指导书等，明确各项工作的程序及其控制的原则与方法，明确各个工作岗位的具体工作流程与行为规范，从而增强图书馆工作的个体规范性。这种做法的推广与深入，不仅会逐渐提高广大图书馆工作者的工作规范化意识，而且将加速整个图书馆行业工作规范化的进程。

（三）推进图书馆工作的持续发展

传统管理方法常常以维持现状为重心，其座右铭是"如果没坏，就无须修理"。而全面质量管理则把重心转向对系统和过程的持续改进，信奉"即使没坏，也要不断改进"。因此，实施全面质量管理的图书馆，不再仅仅满足于某一质量标准，好了还要更好，永无止境地追求更高质量，满足并超越用户不断变化的信息需求才是图书馆的最终目标。

第三节　图书馆的业务管理

随着现代化信息技术与网络技术的不断推进，社会中各个行业在发展中都发生了较大变化。其中，图书馆是社会发展中的一个重要组成部分，它的管理模式以及管理流程随着现代社会的变革发展也不断完善。所以，在这种发展环境下，为了更好开展图书馆服务工作，就要实现管理模式的积极变革。

一、我国图书馆业务管理的作用

一直以来，我国图书馆的业务管理模式以及业务流程，都是按照收集、整理以及保存等环节完成的，在实际执行期间，是按照自变机制以及他变机制来完成。其中，自变机制是事物本身具有一定的随机性，在时代发展中，能够对社会整体进行积极引导。他变机制是事物本身缺乏一定的自觉性，一些外部力量推动了整个社会的发展。从图书馆的历史发展形式来看，受历史变化的影响，导致在自变发展过程中过分依附于公益性质，从而降低了图书馆的动力发展。而在他变过程中，受外部动力的影响，由于内部动力的严重缺失，导致在他变机制上具有更多作用。其中主要表现在两方面：

（一）社会作用

随着社会形态以及社会思潮的不断交替，事物在内部以及外部形态上都发生了较大变化，并实现了演变的根本性与全局性。我国图书馆从传统发展到现代化变革，社会形态以及社会思潮都形成了不同结果。当前社会实现了全球一体化发展经济，其中的经济观念以及信息资源都已深入人心，同时，人们对信息内容掌握的形式也发生了较大变化。因此，图书馆就要与社会发展增加联系，并随着现代化脚步，不断纳入先进思想，从而全方位地提升自己的地位价值。

（二）技术作用

技术作用在事物演变过程中，并没有体现全局性以及根本性，但在事物发展中形成了较大的推动作用。在一定程度上，人们的历史发展就是科学技术水平的不断提升。现代信息技术应用在公共图书馆中具有较大的促进作用，特别是电子计算机技术以及网络技术的普遍应用，使图书馆从传统的手工操作流程转化为自动化以及网络化发展。图书馆业务管理模式的演变发展也是将技术作为主要因素，它的应用与产生不仅实现了图书馆业务流程的自动化以及现代化发展，还提升了图书馆的思想定位。

二、我国图书馆业务管理模式的研究现状

我国图书馆业务管理模式的变革要引起理论与实践的重视,因为业务流程管理能促进图书馆管理工作的变革进步。其中,数字图书馆是未来图书馆发展的主要形态,在当今发展思潮中已成为重要目标。有些学者认为,要将图书馆进行机构重建,以促进组织规模的小型化以及扁平化,但其间的业务划分形式还比较粗糙。而有些学者认为,根据业务要承担的角色,要将机构划分为五部分:其一,信息收集部门,它主要为其提供一定的文献知识以及数学化发展方案,并在最后利用互联网对其跟踪。其二,信息转换部门,它主要对信息进行扫描、转换等。其三,数据描述部门,它主要对已经转换的数据利用相关语言进行描述。其四,数字化服务部门,主要实现 Wed 制作、相关内容的更新与维护等。其五,技术支持部门,它主要对一些新标准、新工具、新技术等进行研究,并对数字化信息进行有力保护。但实际上,一些图书馆机构重建以及管理模式形成了新的变革,促进了组织职能的不断优化,形成了集成化的人员结构,在管理期间,也开始利用自动化系统作为技术支撑,以促进图书馆业务管理模式的一体化发展。

三、信息化环境下我国图书馆业务管理模式变革分析

对我国图书馆的业务管理模式进行改进,对图书馆的工作发展具有较为重要的作用,但在积极变革期间,如果没有在整体上对问题进行解决,只在局部或者单方面对问题进行解决,将会使发生的效果受到一定限制。因此,在信息化环境下,我国图书馆当前还面对一些需要解决的问题,如全球信息化与网络化为一体的发展形势与当前的图书馆系统存在较大分割;随着信息技术的快速发展,图书馆的业务管理工作存在较大滞后性;随着读者的多样化需求,图书馆服务工作还比较单一。根据现代社会发展现状,既要满足全球经济、文化发展以及读者的多样化需求,还要利用现代网络技术,从宏观、中观、微观等方面对我国图书馆的业务管理模式进行变革。

在宏观上,建立一个高效的、具有权威的图书馆业务管理机构。该机构的形成,不仅能在业务上对所有的图书馆进行统一规划、相互协调,还能在一定的体制发展上,改变图书馆出现的半封闭现象,从而保证图书馆资源的合理配置,以促进人力、物力以及财力的协调利用。对我国图书馆建立的管理体制进行分析,目前,我国图书馆还在按照图书馆管理部门的隶属关系进行着,这导致我国图书馆的业务管理在全局和整体上都不够协调。如在一个地区的不同图书馆中,其网点的设置、资源的布局以及行

业的标准等都存在一定的重复性。所以，可以将其分为几个模块，这样不仅能促进各个图书馆之间的关系，还能利用信息技术实现各个资源的传输，以保证在整体上实现图书馆事业的有序进步。

在中观上，实现集团化的垂直管理体制。要以省级、市级为主要单位，构建规模性比较大的图书馆事业，并在一定的区域内，对图书馆进行集团化以及垂直化管理。该途径不仅能在人力、物力等方面统一计划，还能促进资源的共享发展。如今，我国图书馆在业务管理形式上取得了普遍进步，并为中观上的业务管理模式提供有效决策。

在微观上，对图书馆的业务管理进行优化、调节。其中，要以信息化为主，对图书馆的业务管理单位合理设置。而且还要改变传统的图书馆业务管理方式，将其转换为外部业务管理的现代化发展，以促进网络资源、网络知识的有效开发，从而实现以用户为主要需求中心的业务发展，从而提升实际的工作效率。

四、大数据与图书馆业务管理

图书馆的业务部门一般包括采访编目部、流通阅览部、信息技术部、参考咨询部等，传统的业务工作流程包括采访、编目、加工、存储、服务等。在大数据的影响下，图书馆的业务也发生了变化，如图书馆传统的采购和编目工作，通过招标等形式外包给其他机构，图书加工也对外委托。图书馆的业务工作重心转向以数据为中心的信息资源组织、利用与保存，数据的采集、存储、挖掘和分析成了图书馆的主要业务。图书馆对复杂的大数据进行数据挖掘和可视化分析，可以使用户更准确、及时、有效地利用信息，但大数据也给图书馆的业务管理带来了以下问题：①数据采集问题。图书馆的工作量并没有因为业务外包而减少。大数据时代，图书馆的每一项业务都涉及数据，如何高效收集各种数据，成为决定图书馆业务工作成效的重要因素。②质量控制问题。图书馆传统的结构型数据库已经不能适应非结构化数据和半结构化数据的动态管理和分析需求，业务管理模式如不加以革新，其业务工作的质量将会难以跟踪和控制。③数据利用问题。图书馆收集大数据的最终目的是提高图书馆的服务质量，让用户充分利用图书馆的资源创造价值。从图书馆业务工作的内容来看，信息资源如何组织、存储和利用，都涉及大数据的利用问题。从图书馆业务工作的形式来看，任何一个业务工作流程都会产生新的数据，这些数据包含隐性的有用信息，图书馆只有把这些隐性信息挖掘出来，发现业务工作中的重点和难点，才能改进业务工作流程，提高业务工作水平。

五、基于大数据的创新性的图书馆业务管理模式

（一）以信息资源为对象构建动态采购平台

信息资源是图书馆开展各项服务的基础，图书馆应建立根据服务对象和经费情况，决定采购哪些图书及哪种类型的数据库。因此，图书馆应构建一个动态的信息资源采购平台，对出版社的动态、不同层次用户的阅读需求和阅读形式、供应商的实际情况等数据进行收集，设置权重，利用大数据分析技术构建图书评价系统。图书馆只需把书目、出版社、供应商的信息导入系统，就能实时、准确地挑选到图书，不但可以降低馆藏资源的购置费用，还能提高馆藏资源的利用率。

（二）以图书馆业务为对象构建风险评估模型

图书馆的业务工作与服务息息相关，业务工作出现偏差会导致服务出现问题。因此，图书馆应根据自身情况构建图书馆业务风险评估系统，在开展新业务前，先进行风险评估。如图书馆在建立数字图书馆初期，应收集经费、技术、设备等数据资料及科技发展数据、供应商数据、用户数据等，利用这些大数据构建信息安全风险评估模型及知识产权风险评估模型，科学分析构建数字图书馆的可行性，智能辅助决策，降低数字图书馆建成后可能带来的风险。

（三）以用户为对象构建数据挖掘系统

用户在利用图书馆资源时会留下各种数据，这些数据可以归为以下五类：①用户的资料。用户资料可以帮助图书馆了解服务对象的类型、层次、地域分布等，从而有针对性地提供阅读推广和参考咨询服务。②用户的到馆数据。这些数据可以使图书馆了解用户的到馆周期，为其制定各项业务的工作时间提供依据。③用户的查询或咨询数据。用户在图书馆进行参考咨询或查询书目信息、图书馆区域分布时都会留下数据，这些数据都和用户的需求有关。④用户的借还数据。用户的借还数据可以帮助图书馆了解用户的阅读周期和阅读需求，一些相关数据还能在信息资源采购平台中被加以利用。⑤用户访问电子资源的数据。这些数据主要是用户在检索、浏览、下载时产生的数据，它们会成为图书馆在构建数据、挖掘系统时的重要资源。通过构建以用户为对象的数据挖掘系统，图书馆可以了解用户对馆藏资源的满意程度，分析用户流失的原因及至馆用户、网络用户的显性需求和隐性需求。

（四）以图书馆员为对象构建灵活的工作模式

当代图书馆员应具备基本的学科知识、超前的服务意识、数据分析和处理能力、

开发隐性知识的能力及开拓创新的能力。图书馆员对图书馆的业务工作最为熟悉，也最能发现业务工作中存在的问题。因此，图书馆除了要培训馆员，还应以馆员为研究对象，收集馆员的工作数据，并对这些数据进行分析，找出工作中的不足，进而建立更有效的工作模式，使馆员充分发挥才能。

（五）以技术为对象构建大数据支撑体系

图书馆不论是从信息资源、业务还是馆员、用户的角度，对大数据进行分析都离不开技术，这些技术包括大数据采集技术、大数据存储技术、大数据分析和处理技术等。目前，较为成熟的大数据处理技术有 Hadoop、SAP HANA、Hive、Pig 等。图书馆利用这些技术进行大规模的数据处理和分析，不仅可以减少馆员的工作量，还能为用户节省时间。为了构建以技术为核心的大数据支撑体系，图书馆除了要购置相关的软硬件设备，还应注重对技术人才的培养。大数据背景下的技术人员，不仅需要具备丰富的大数据知识，还应了解各类数据库软件和数据挖掘、分析软件。为了更好地把大数据应用于图书馆的业务管理，图书馆应对技术人员进行图书馆业务培训，使其成为精通图书馆业务的技术型人才。其培养方式主要有：①人才委托培养，即图书馆聘请专业机构对图书馆的技术人员进行技术和业务培训。②与高校、企业合作，即图书馆与高校、企业联合开展大数据培训课程，使大数据的理论与实践相结合。

大数据拓宽了图书馆业务管理的视角，使图书馆可以从更广泛的角度考虑业务管理的流程及方式。大数据逐渐成为图书馆业务的基础，而图书馆的业务则是大数据的价值体现。图书馆在利用大数据时，应重视对用户、合作机构及图书馆员的隐私保护，在采集、保存、利用和开发大数据的过程中，要建立隐私安全保护机制及法律保障体系，避免出现信任危机，最大限度地发挥大数据的价值。

第四节　图书馆的服务管理

图书馆是高校的重要部门，是学校教学、科研服务的信息中心。图书馆建设是高校教育管理重要工作之一。随着数字化、信息化技术的发展，图书馆的服务形式、服务内容、服务手段及服务功能等都发生了巨大的变化，尤其对网络化服务功能多样化提出了更高的要求，传统的服务模式已经跟不上信息时代的发展要求，图书馆必须从内涵和外延上拓展功能，从服务与管理上进行根本转型，才能跟上信息时代发展的步伐，才能顺应现代社会的发展。

一、高校图书馆服务与管理转型的意义

高校图书馆是服务学校教学科研的信息阵地,是大学生的第二课堂,是大学生获取知识的主要渠道,也是大学生开展各类活动和提高校园文化气息的场所。随着网络化和信息时代的迅速发展,人们获取信息的手段、方法、要求都发生了很大的变化,要在海量的信息中快捷方便、不受时空的限制,获取自己所需的信息资源,图书馆的服务与管理面临前所未有的挑战,必须从服务与管理两方面进行转型。服务转型是顺应时代发展的必要条件,是进一步完善图书馆服务功能的重要基础,有助于服务效率的进一步提高。管理转型,有利于进一步规范高校图书馆的管理工作,进一步明确管理目标。通过转型可以进一步完善服务功能和服务方式,方便快捷地为学校师生提供全面的文献信息服务,使高校师生根据自身实际需求获取各种信息资源。

二、高校图书馆服务与管理存在的问题

(一)图书馆的网络服务功能不够完善

随着网络信息技术的广泛应用,传统的服务方式和服务内容已经不能满足读者的需求,读者更需要个性化、创新化、多样化的服务方式。目前,许多高校图书馆存在网络设备落后、网络不畅通、WiFi不能在图书馆全覆盖等问题,导致图书馆创新服务、个性化服务、多样化服务(如网上查询、网上预约、新书通报、微信、飞信)等网络服务不能顺利开展,不能使师生及时获取图书馆最新信息,不能从海量的信息中快捷方便地获取所需信息资源。还有些高校,虽然建立起了相应的图书馆网络服务系统,但是由于缺乏相应的系统管理的技术人员,所以仍然无法发挥网络服务系统应有的作用。

(二)管理机制不够完善

随着信息时代的发展,管理机制直接影响着图书馆的发展,传统的管理机制已不能适应图书馆的发展。目前,许多高校图书馆缺乏激励机制、考核机制,规章制度不完善;馆员在工作中,没有积极性,没有激情,工作不主动,干和不干一个样、干多干少一个样、干好干坏一个样,不能为读者提供高效的优质服务。只有通过完善管理机制,采取激励措施,完善规章制度,激发馆员的积极主动性、创新创造性,让他们充当激励要素的主角,提高服务质量,推动图书馆事业的发展。

（三）馆员素质有待提升

高校图书馆管理人员的自身业务素质，直接影响到其服务工作效果。目前，很多高校图书馆忽略了图书馆馆员的培训工作，认为图书馆的工作并不需要太多的工作技能，也就是图书的借还、图书的整理归架；还有些高校图书馆，很大一部分管理员是照顾关系、引进人才的家属及不能胜任教学的教师，没有专业背景，缺乏图书情报专业知识及计算机操作知识，不能为学生提供准确而全面的服务，不能指导学生在知识的海洋中获取所需的信息资源。在网络化、数字化及知识信息爆炸的年代，图书馆馆员一定要加强学习，不断更新知识，才能为全校师生服务。

三、新时期图书馆服务功能的转变

本节所提到的新时期主要是指信息化技术快速发展背景下图书馆的服务管理环境，在这样的环境背景下，图书馆的服务模式、服务内容等方面都发生了较大的变化，而对这些变化的清晰把握是进行图书馆服务管理工作改进的基础和前提。

（一）图书馆服务模式的变化

所谓的服务模式就是指图书馆采用何种方式来为读者提供服务，这不仅影响到广大读者的服务体验，同时也对图书馆的时代性发展具有重大的推动作用。就目前的图书馆服务模式来看，除了为读者提供相应的资料以外，还建立了学科信息的增值服务模式，即计算机系统根据读者的特定需求，对已收集的信息资源进行整合，建立专业的知识学习平台，并根据读者所制定的关键词来对专业知识进行文献资料的关联查询，降低读者获取信息资料的难度。这种建立在信息技术基础上的新型模式，使图书馆的服务更加智能化和信息化，突破了传统服务模式中的效率和效果的束缚，满足了读者对于信息的高标准需求。

（二）图书馆服务内容的变化

信息化条件下，读者获取信息的途径得到了极大的丰富，除了通过阅读传统的图书、期刊等资料以外，还可以通过筛选互联网等媒体上的海量信息来获得相应的内容。但是随着层出不穷的新学科、新技术门类，学科知识之间的分类日趋细化，在这样的情况下，读者的知识认知由原来的以综合性知识需求为主逐步转变为以专业性知识需求为主，换句话说就是，读者当前所真正需要的是能够从某一专业的角度来对问题进行精细化分析的信息资源。因此，图书馆服务除了要做到内容丰富以外，还要满足内容的高度专业化，以迎合教学和科研深入开展的需要。

四、提高图书馆服务管理的对策

（一）加强对服务管理的重视力度

在图书馆的管理中要高度重视图书馆的服务工作，将服务管理与图书专业检索查阅功能放在同等重要的位置，将服务意识融入图书馆员的日常工作当中，全面体现"读者第一"的服务思想，满足读者的信息需求。从图书馆领导到具体服务人员都需要增强读者意识，征询他们对于文献资源的需求，以及对图书馆服务的反馈信息，并对读者的需求与意见做详细的了解和分析，这样才能更好地实现图书馆服务的宗旨，增加自身的竞争力。

（二）完善图书馆服务制度

在制定制度时，要坚持"以人为本"的原则，增强服务意识，尊重读者的权利，从读者的角度制定科学合理的制度。一切以读者的需求为前提，利用科学管理手段进行资源整合。在执行制度过程中，既要了解读者的义务，又要明确读者的权利，对于读者应履行的义务要采用合理手段进行说明，对于读者的权利要给予尊重和保护。

第一，认真分析服务对象的特点，建立合理的服务制度。如高校图书馆根据学生的实际学习需求，建立专业服务指导。第二，建立有效的服务反馈制度，针对服务投诉问题，建立服务投诉应急管理流程，有效缓解读者的不满情绪，提高服务质量。第三，建立有效的服务考核制度。对服务制度的执行情况进行考核，保障服务质量的有效提高。对于服务意识欠缺的有关人员，要及时进行提醒，只有在有效的激励措施下，图书馆的服务水平才能得到有效的提高。在图书馆的服务管理上还需要加大实际的服务管理投入力度，设立每月优秀员工评选机制，对服务态度较好的员工给予奖励和鼓励。第四，建立图书馆网络资源管理制度。要积极开展有效的网络服务，积极开展资源智能检索、读者需求研究、跟踪服务等一体化的动态读者服务，逐步建立智能信息检索、专业信息资源导航等系统，最大限度地提高信息资源的利用效率。努力开发馆藏信息资源，有效地组织数字化特色信息资源，逐步建立高质量的多种类型数据库。第五，依托网络开展网上导读服务。有目的、有步骤地对网络信息资源加以合理地组织，形成一个引导读者获取准确信息的导引系统，这样就能使读者在最短的时间且以最少的付出，得到最为满意的结果。

（三）提高服务人员的服务管理水平

随着"互联网+"时代的到来，图书馆的馆藏模式也发生了巨大的变化，因此图书馆服务也发生了改变。图书馆员不再只是单纯地做服务工作，同时还要求有一定的管理能力。要充分发挥图书馆职能，更好地为读者服务，图书馆员要掌握较为全面的相关知识，才能在图书馆的生存与发展中发挥作用。

首先，图书馆员要研究读者的变化。读者的阅读需求既是一种个人需求，也是一种社会需求，这种需求处于不断发展变化之中，因而呈现出复杂多样的状态。研究读者的变化，才能有针对性地做好读者服务工作。按照读者的阅读目的和对文献内容的需求，大体上可分为知识型、情报型、资料型、研究型、消遣型。还有上述两种或两种以上的类型的混合型。不同的读者需要不同的服务，而图书馆就要提供不同的个性化的服务，满足读者的需求。

其次，要创新工作方式。创新意味着打破传统的工作与管理方式，产生新的经验或思想。图书馆员在工作中要勤思考、善动脑、敢于创新、勇于开拓，适应发展新的用户需求，提供新的服务方式。图书馆员要在馆内设置宣传栏，开展新书通报，及时向读者介绍新购置的文献资源，以便读者借阅；介绍最新学术动态，宣传各种专业知识以及利用图书馆和文献检索知识，介绍读书方法等。图书馆员要努力使自己成为具有新观念、掌握新技术、能够运用创造性思维、与时俱进、不断取得新业绩的创新型人才。

最后，建立科学有效的图书馆人员服务培训制度。进一步完善馆员培训和教育机制，定期对馆员进行业务知识和管理知识培训，组织各种形式的讲座和学术交流，为提高馆员业务能力提供各种指导工作。在条件允许的情况下，图书馆可以组织优秀的馆员到其他优秀图书馆进行馆际之间的业务交流，使馆员能够开阔视野，拓宽工作思路，在工作中不断创新，为读者提供更优质的服务。

服务管理是图书馆管理的重要组成部分，在图书馆的管理当中，要高度重视图书馆的服务管理，将服务管理与图书专业检索查阅功能放在重要的位置，全面体现读者第一的服务思想，努力提升图书馆服务水平。

五、新形势下高校图书馆服务与管理转型

（一）以理念创新为先导

新形势下，高校图书馆服务创新是由理念、制度、技术、方法等各种创新要素构成的一个复杂系统。其中，理念创新是进行其他方面创新的重要基础，正确的服务理念，能够更好地指导图书馆管理人员为高校学生提供科学的服务。首先应该坚持以人为本的服务理念，这是高校图书馆服务理念的根本。随着我国高校图书馆建设的不断完善，

服务理念也应该不断地创新，把开放化服务、便利化服务、个性化服务以及泛在化嵌入式服务理念融入高校图书馆服务中。泛在化嵌入式服务指的是利用新型的图书馆信息化服务系统，为图书馆大学生提供随时随地的服务，通俗地讲，则是将传统的阵地式服务转变为移动式服务。这一服务理念，符合信息化社会的发展特点，对于高校图书馆服务工作的完善有着重要的意义，也是图书馆未来发展方向。

（二）注重服务流程的完善

高校图书馆服务与管理转型要以服务流程重组为实践根本。近些年来，我国社会环境发生了巨大的变化，为了满足新形势下高校学生的学习需求，高校图书馆在服务中，必须加强业务布局和结构调整，对图书馆服务流程进行重组。传统的高校图书馆服务流程中，以直线式和纵向式为主，在新形势下，则可以建立以文献为中心的业务布局和服务流程，这一服务流程具有嵌入式的特点。与传统的单向式服务流程相比，这一流程是双向的，不再是垂直型服务，而是网状式服务，通过服务流程的重组，为高校学生提供更为人性化和高效化的图书馆服务。

（三）进一步完善图书馆的网络服务功能

图书馆网络服务功能的完善，是新形势下高校图书馆服务与管理转型的重要途径，具体而言，可以从以下三方面进行：

第一，加强图书资源的信息化建设。对现代高校而言，图书资源信息化是图书馆网络服务功能实现的重要基础。为了实现这一目的，利用现代化的计算机操作系统，实现对高校图书馆图书信息的数字化处理，满足师生利用网络服务系统高效、快捷获取所需要的图书文献资源信息的需求，不断提升图书馆的服务工作效率。

第二，加强功能保障。对高校而言，图书馆服务与转型的主要目的是更好地为师生提供高效、快捷、方便的服务，满足大学生的学习和各项活动。因此，在图书馆网络服务功能不断完善过程中，必须加强功能保障。首先应该根据网络系统的特点，建立相应的公共云服务中心，公共云服务中心是信息技术发展的产物，主要由一组软件组成，这一组软件所构成的联合系统中，会提供相应的身份功能、图书信息资源检索功能、信息调度功能等。其次，建立 SaaS 服务平台。在这一平台的作用下，可以实现图书馆系统内的资源共享，在资源共享环境中，资源搜索范围不仅仅局限于本校图书馆，此服务平台可以提供更全面、更丰富的信息资源，更好地满足师生需求。

第三，加强图书资源数据库建设。数据库建设是实现图书馆数字化、网络化、现代化的基础工作。根据本校办学方向、专业特色、科研水平及本地域社会经济文化特色，通过 Calis 特色数据库建设平台，用现代通信技术、网络技术、计算机技术和文献信息检索技术，科学、规范、有效地开发整理，通过数字化标注，构建"人无我有，人有我优"的特色数据库，为学校教学、科研提供特色化服务。

（四）加强图书馆馆员的继续教育

随着计算机网络技术日新月异，图书馆网络信息资源迅猛增长，知识更新速度加快，图书馆员的角色也发生了很大变化，从传统的管理员逐步转变为信息管理员、信息咨询员、信息传播员和网络信息导航员。随着角色的不断变化，图书馆员必须加强学习，图书馆可开展不同形式的继续教育，通过举办各种培训班、专题讲座、专家授课、知识竞赛及自学等形式，不断提高馆员计算机操作技能、网络信息管理、图书情报等专业知识，全面提高馆员素质，使其能够更好地为教学、科研服务，更好地为全校师生提供专业、高效的服务。

当今社会处于一个信息时代，新学科、新知识、新技术层出不穷，图书文献信息的存储方式、获取方式、利用方式、服务手段等也发生了很大变化。在新形势下，高校图书馆的服务与管理必须转型，打破传统规则的束缚，扩展服务领域、完善网络服务功能，丰富服务内容、完善管理制度，加强图书馆员的继续教育，全面提升馆员素质，才能为师生提供更有广度和深度的服务，才能满足全校师生个性化、多样化、多层次的需求，才能快捷、高效地为师生提供优质服务，进一步推动高校图书馆事业的发展。

六、公共图书馆服务管理的创新方法

（一）积极运用科学方法，提高图书馆的服务效率

首先，积极进行数字化建设。现代社会中计算机网络技术在不断发展，由此需要在公共图书馆内引进数字化技术，对馆内图书进行数字化管理是图书馆的未来发展趋势。对文献资源进行数字化能够更加方便地进行文献传递，而且读者进行书籍的借阅，不再受空间限制。图书馆数字化建设的主要特点是网络化传递、电脑化操作、数字化馆藏以及资源共享化。利用计算机管理系统可以对文献进行加工处理，并利用计算机先进的网络技术，最大化利用电子文献资源，使读者能够更加方便地进行阅读。

其次，进行个性化信息服务。公共图书馆的重要工作是为读者提供最好的服务，最大化地满足读者的需要，这也是图书馆存在的重要价值。现代社会中的服务行业更重视的是以人为本的个性化信息服务。所谓个性化服务，主要是尊重读者的个人需要与个性化选择，根据每个读者的不同特点提供个性化的服务。为读者建立独立的信息管理系统，对每个读者工作、习惯以及兴趣爱好做好动态的统计工作，有利于为读者提供更加舒心的阅读服务。

（二）积极寻找潜在读者，促进公共图书馆的发展

公共图书馆在社会中属于公用的基础设施，肩负着为社会大众提供阅读服务的职能，由此图书馆需要积极转变自身的服务理念，最大限度地实现图书馆的社会效益。公共图书馆需要积极进行馆外的主动服务，为需要图书馆信息服务的相关机构提供图书信息服务。同时，图书馆的工作人员可以收集读者对于图书的问题，做好充分的准备，最后把具体的答案反馈给读者，以保证为读者提供优质的服务。

（三）在公共图书馆内营造良好的服务环境

图书馆的工作人员是图书馆图书与读者之间唯一的联系，因此，需要在图书馆内建立一支高素质的人员队伍，以保证馆内具备一流的服务质量。工作人员最为重要的是自身具备较好的服务意识观念以及扎实的业务工作能力。在图书馆内建立之一支优秀的工作人员队伍，需要积极培养学习型工作人员，使工作人员在不断的学习过程中得到成长，最终提高员工的服务意识，积极在馆内营造良好的服务环境，使读者更加满意图书馆的服务。

严格来讲，现代社会属于多元化的社会，而公共图书馆若想在这样的时代获得长远发展，需要适应这个社会。首先需要利用先进的信息技术促进图书馆的发展，其次需要提高员工自身的服务意识，满足读者需要，最重要的是对于馆内的服务管理工作进行积极的创新，使更多的读者愿意入馆阅读，更好地推动中国文化事业的发展。

第五节　图书馆的行政管理

所谓高校图书馆的行政管理，就是根据高校图书馆的特点以及其运作特点、规律，再经过其管理者计划、决策、控制、协调等行为，制定出合理的行政管理手段，以达到使用和发挥图书馆的信息、人力、物力等资源作用的目的，使图书馆的功能发挥到最大，更加高效地为学校师生服务。高校图书馆的行政管理，不仅是整体管理的关键环节，更是图书管理和读者阅读的中间枢纽，是图书馆各项工作正常运行的重要保证。因此，做好图书馆的行政管理工作具有充分而必要的理由。

一、目前高校图书馆行政管理中存在的问题

不同的高校图书馆在行政管理中都存在一些不同的问题，只有仔细探讨总结这些问题，才能更好地找出解决措施，完善行政管理制度，提高管理水平，使图书馆的

作用得到更好的发挥。目前，高校图书馆的行政管理所存在的问题主要集中在以下几方面：

（一）陈旧老套的管理模式

新形势下，高校学生对图书的需求加大，对图书借阅时的要求更高，然而图书馆的管理却没有随这种需求的增加而采取更有效的方式。传统的图书管理观念认为将图书整理好、保存好就是做好了图书管理工作，并且这种观念根深蒂固。管理员不注重读者的想法与感受，不进行图书借阅类型的统计，因此无法与读者进行交流，这样会对下期图书购买情况产生很大的影响，从而导致下期购买计划无法确定，不能及时更新书籍，无法追赶时代的潮流。而读者是被服务者，是图书馆一切工作顺利的基本保障者，无法满足读者的需求，慢慢地就导致流动性读者的流失，使图书馆的服务宗旨失去意义。

（二）馆内电子设备无法满足借阅需求

这类问题主要体现在高校内图书馆的电子设备较少，或者现有设备不能很好地发挥其应有的功能。一方面，有的图书馆内电子设备有限，而书库种类繁多，其所在位置又难以确定，大部分情况需要使用计算机进行图书种类及馆藏位置的查寻，因此，在读者数量较多的时候需要排队等候查阅，增加了不必要的时间。另外，图书借阅流程中，有的书库仅使用手动记录书名代号的方式降低了图书借阅的效率。另一方面，图书馆虽然有足够的电子设备，但图书馆内设备陈旧、时常发生故障没能得到及时检修，这种情况下，无法满足全校师生的基本需求，电子设备形同虚设。有时候新设备的引进缺乏及时有效的宣传，即使设置了机器，依然有大部分师生不知道拥有设备、不知道设备的功能、不知道设备的使用方法，从而导致设备的空置。

（三）图书馆人力资源不足或图书管理人员素质不过关

一般高校的图书馆都有大量的藏书，每天流动的图书数量庞大，图书馆建筑区域广，书库类别繁多，因此需要大量的人手，每天进行图书的分类管理与维护。然而许多学校人手不足，一人分管多个书库涉及多个楼层多种类别，容易造成任务量的增多或导致书籍类别放置错误，使读者不能正确找到自己需要的数据，甚至冷门书库无人管理，师生的借阅工作不能正常进行。其次，人力资源不足造成了图书更新不及时的问题，很多资料老旧不能满足学生的学习需求，造成学生收集课外资料困难。

许多图书馆聘用馆员十分随意，有些图书管理者甚至是兼职学生，管理经验不足且课外时间分散，任务交接时容易出现差错。很多馆员只将图书馆的管理工作视为一份收入性工作，严重缺乏工作积极性与主动性，无法将工作与服务相联系结合起来。馆内缺乏技术性的专业人才，机器设备故障或基本操作无从下手，从而导致图书馆的行政管理模块的薄弱。馆员缺乏创新意识，对图书的管理方式一成不变，无法为读者提供满意的服务。

（四）经费不足或资金管理不当

众所周知，保障图书的数目和行政管理都离不开资金的支持，因此资金的管理是否合理，在图书馆的行政管理中就显得尤为重要。时代逐渐发展前进，高校的专业设置也逐渐增多，同一专业也会出现不同的专业方向，使得学生需要更多更具专业性的资料来支持课程的学习；同时很多师生的兴趣爱好非常广泛，涉及图书的类别也更多，需要大量的图书来增加自己的知识量。有些高校图书馆由于经费不足难以对图书进行更新，涉及类别不够全面，导致图书馆发挥不到它应有的作用。有些高校还存在资金管理不当的问题，资金使用分配不均，传统的纸质书籍得到图书馆重视，忽略了电子图书类的发展问题。有些情况下，图书馆对图书购买计划不明确，购买数目罗列不清，导致个别环节个别人从中获取利益。图书馆的一切活动都需要资金来支撑，所以资金不足或管理不善，会影响图书馆的正常运行，其中也包括行政管理环节。

二、图书馆行政管理的具体要求

高校图书馆的行政管理，既要规范管理图书馆官员的行为，又要制定出合理的行政管理制度，只有多方面综合性的管理要求，才能提升图书馆的管理质量。

（一）图书馆行政管理中对馆员的要求

不论什么方面的管理都应当坚持以人为本的原则。人是最积极、最活跃的因素，对生活中的各项因素和物质资料具有掌控作用，所以只有把人管理好了，其物质资料才能发挥出最佳效益。一般情况下，人们口中所谓的管理，实际是对人的管理。所以对人管理的好坏对其工作效益有着直接影响。而对高校图书馆的工作来说，对人的管理关系到文本信息的开发利用、图书的流通、图书馆中对借阅师生的服务质量、读者通过图书获取信息和知识的便利程度。所以，作为高校图书馆的行政管理应该把对馆员的管理放在第一位，以增加其对工作的积极性和主动创造性。

图书馆内需要有专业经验的人来进行图书管理以及图书馆整体的运行。馆员的言辞与行为直接反映着本图书馆的管理程度。因此，要求图书管理人员具备优良的素质和职业素养，准确记录图书借阅情况；同时遵守图书馆的管理规范，做到图书馆内不大声喧哗、阅读区内不与人攀谈等。

（二）图书馆行政管理中对制度制定的要求

如果想要做好图书馆整体行政管理的工作，仅仅对馆员做出管理是不够的，行政人员必须要建立健全图书馆的各项规章制度。这些制度应该准确说明图书馆各部门员工的行为规范以及图书馆的运行方式。行政管理人员制定图书馆的规章制度应反映整个图书馆的特点和发展方向，这不仅能有效约束与限制全体馆员行为规范，而且能激励工作人员把工作努力搞好，使各项工作向预期目标顺利正常地进行，大大减轻日常的管理工作，更好地服务高校师生，从而保证图书馆的正常效益以及目标任务的实现。另外，图书馆中面对借阅师生制定的规章制度，也间接体现了图书馆运行的准则和方式，保证了图书借阅的秩序，提高了图书馆的利用效率。

三、如何提高图书馆的行政管理水平

由前文分析的图书馆行政管理体制中存在的问题以及行政管理中的具体要求，不难总结出提高图书馆行政管理水平的方式：

（一）充分提高行政管理人员的专业性

高校图书馆的行政管理人员自身的学识素养对其工作开展水平有着直接影响。要想充分提高全体馆员行政管理的专业性，馆员需要拥有丰富的管理经验，并且能够根据实际，将其经验和知识充分运用到实际中，并且要在实际中，多次组织进行管理方面新方法、新理论、新知识的学习，掌握新现代化的技术手段。

充分提高全体馆员的素质与道德。要想充分提高全体馆员的素质与道德，就必须意识到馆员素质与道德加强的重要性，着重加强教育。首先，要把实施好馆员的学习制度放在首位，要求馆员不断学习服务、管理等方面相关知识，紧跟时代的步伐。注意全体馆员的思想、职业道德、职业操守的培养，积极宣传正确的思维方式，从而使全体馆员在潜移默化中树立正确的服务观念，升级对这份工作的看法，不再仅限于收入，学会享受工作。其次，要求高校图书馆的负责人，也就是管理者，从实际出发，结合图书馆的情况与全体员工受教育程度，做到"因材施教"，使不同专业的人才都找到最适合的岗位和工作，确保全体员工持有正确的思想态度。管理员要充分重视馆员的情感调动，注意实施某些措施，例如，有奖有罚、考核监督等，充分调动馆员的工作积极性，工作区域任务划分明确，如果出现问题要具体到哪一部门哪一个人，从而使问题得到快速处理。

（二）改善馆内环境，增强服务意识

馆内环境实际上就是读者的外界读书环境，环境的好与坏直接影响着读者的心情。是否能够营造出良好的读书环境对图书馆内读者服务质量的高低起决定作用。一个良好的读书环境，不仅能够鼓舞读者积极向上，还能陶冶读者的情操和心灵。要想做好高校图书馆的行政管理工作，就要增加对行政管理的投入，逐步优化和改善环境。由于高校图书馆建筑楼层较多，各个部分的管理设备也非常分散，因此要增加管理人手，例如，电梯、桌椅、储存柜的维护等工作，保证读书区域的空气流通；在读书区张贴标语。其中馆内的人际交往也决定着馆内环境，馆内的人际交往可以分为管理者与馆员之间、馆员与馆员之间、馆员与读者之间。管理者与馆员之间的关系处理，就需要管理者融入馆员中，做馆员的知心朋友，统一认识，沟通思想。馆员与馆员的关系处理，就需要管理者注意了解馆员的心理需求，将馆员的注意力转移到工作上，减少交往上的矛盾摩擦。馆员与读者的关系处理就需要管理者建立完善的管理制度。处理好馆内人际关系，建立一个愉快、融洽、和睦的人际关系环境。

（三）经费管理工作到位

高校图书馆的图书资源配置以及相关的行政管理工作都离不开经费的支撑。经费是图书馆能够正常工作的基础，可以说是图书馆的命脉。高校图书馆行政管理的经费必须要有明确的思想指导，既要维持图书馆活动的正常运行，又要保证购书的正常进行。所以在购书经费上，必须严格按预算执行，必须专款专用，杜绝挪用，要遵循采购原则，坚决抵制采购非法出版物以及质量低劣的图书，要完善采购监督体制，尽可能地避免错购、漏购、重购等现象，明确采购的数量、金额和品种。制定合理的借书还书规范，对于没有按时归还以及丢失损坏图书的行为予以一定的罚款。同时还要结合往年图书使用情况、根据读者喜爱图书的类型、借阅资料的种类等，制定出明确合理的采购方针。综上所述，图书馆要加强所有经费的科学有效的利用与管理，避免不必要的开支，只有这样，资金的使用才能最大化地给高校师生带来利益。

（四）将更加现代化的设备应用到行政管理中

随着计算机技术的发展，大学生对获取信息的速度以及质量提出了更高的要求，而获取信息的途径也更加多样化。因此要想更好地实行行政管理，就必须加强图书馆的自动化建设，增加不同的业务，如电子书下载、新书推荐、文献资料在线浏览等。自动化设备关系图书馆全部工作是否可以顺利完成，是高校图书馆的重要组成部分。因此图书馆需要使用更多的电子节约设备来方便借阅流程的进行，提高借阅效率，这就需要配置和培养更加专业的人才，充分调动其积极主动性。加强网上图书查询、电子阅览室以及图书信息资源的建设，能够方便大学生查阅书籍，从而创造出现代化的阅读条件和氛围，提高学习效率。保证自动化设备的完好性和利用率，定期检查修理，充分发挥其作用，并要注意防火和防盗的工作。现代图书馆的职能得以充分发挥，以充分适应时代的发展。

当今形势下，高校图书馆的行政管理中还存着许多弊端，但总体上，图书馆已经能够发挥出它应有的职能，成为校园文化的重要组成部分。图书馆应加强各项行政管理，不断发展创新形式的管理模式，提供更加人性化的服务，营造更加舒适的图书馆环境，这不仅有利于各高校图书馆的发展，更为高校学生的学习提供了便利，为学校的人才培养做出了贡献。

第六节　图书馆的安全管理

公共图书馆具有人员密集和公众聚集的特征，近年来，随着公共图书馆馆舍面积的增加、来馆人员的增多、馆藏及现代化程度的提高，其安全管理工作难度日益增大。必须把安全生产纳入公共图书馆的全程管理，落实各项防范措施，确保为广大读者提供安全高效便捷的公共文化服务。

一、落实"三防"措施，夯实公共图书馆安全管理基础

所谓"三防"，即指人防（人力防范）、物防（实体防范）、技防（技术防范），它是安全防范的三种基本防范手段。其中人力防范和实体防范是古已有之的传统防范手段，而技术防范的概念是在近代科学技术（最初是电子报警技术）用于安全防范领域并逐渐形成一种独立防范手段的过程中所产生的一种新的防范概念，它在安全防范技术中的地位和作用，将越来越重要，已经带来了安全防范的一次新革命。公共图书馆要以高度的责任感、使命感，以对党、对人民宝贵生命财产高度负责的精神，严格遵照"安全第一，预防为主，综合治理"的工作方针，通过"三防"基本防范手段，进一步筑牢图书馆安全工作的根基，认真做好安全管理工作，为读者提供安全、幽雅的学习环境，确保图书馆事业健康发展。

（一）以人防抓落实

"人防"是利用人们自身的传感器（眼、耳等）进行探测，发现妨害或破坏安全的目标做出反应；用声音警告、恐吓、设障、武器还击等手段来，延迟或阻止危险的发

生,在自身力量不足时还要发出求援信号,以期做出进一步的反应,制止危险的发生或处理已发生的危险。例如,建立治安联防队、护厂队、护村队,组织居民"看门望户"等以达到防范的目的。做好人力防范,通过具体的人来直接开展治安保卫工作,是最基础、最普遍和最重要的基本措施。

(二)以物防求巩固

"物防"通常是指基础防范设施建设及其应用,主要是对犯罪目标、犯罪空间环境和可能发生治安灾害事故的部位安装防护措施,加大违法犯罪人员作案的难度,使之不易实施违法犯罪活动。"物防"的主要作用在于推迟危险的发生,为反应提供足够的时间。现代的实体防范,已不是单纯物质屏障的被动防范,而是越来越多地采用高科技手段。一方面使实体屏障被破坏的可能性变小,增长延迟时间;另一方面也使实体屏障本身增加探测和反应的功能,例如,建筑物和实体屏障以及与其匹配的各种实物设施、设备和产品(如门、窗、柜、锁等)。

(三)以技防谋提高

所谓"技防"主要是利用光学、声学、化学、电子等学科的知识、原理而制成的机械、仪器、仪表、工具等各种先进技术设备,如电子报警技术、视频监控技术、出入口控制技术、计算机网络技术以及其相关的各种软件、系统工程等现代科学技术,来提高安全防范能力,预防违法犯罪和事故。技术防范手段可以说是人力防范手段和实体防范手段的功能延伸和加强,是对人力防范和实体防范在技术手段上的补充和加强。它要融入人力防范和实体防范之中,使人力防范和实体防范在探测、延迟、反应三个基本要素中,不断地增加高科技含量,不断提高探测能力、延迟能力和反应能力,使防范手段真正起到作用,达到预期目的,可见"技防"是现代化环境下做好安全防范工作的方向。

二、加强安全生产制度建设,健全公共图书馆安全管理体系

基于公共图书馆在安全管理方面的特殊性和重要性,必须按照标准化、规范化的要求,建立完善的安全管理制度体系。①坚持安全生产"一岗双责"责任制。公共图书馆领导班子成员既要抓好分管的业务工作,又要抓好分管领域的安全生产,实行"谁主管、谁负责;谁分管、谁负责",各级领导要真正做到把安全工作作为全馆重要工作之一来抓,不躲不靠、不流于形式。②坚持各级各类人员安全生产职责制度。明确从主要领导到具体工作人员的安全生产职责,层层组织签订责任书,一级抓一级,一

级对一级负责。③坚持安全生产工作例会制度。定期开会研究安全生产工作，每季度至少组织召开一次安全生产工作会议，遇有紧急情况随时召开。④坚持安全生产值班制度。在重要时段、重大节假日实行24小时值班，领导带班、专人值班，主要领导、分管领导和负责安全生产的干部必须24小时保持通信畅通。⑤坚持馆领导联系重点部门制度。各馆领导分别联系本馆内安全生产重点部门，每月至少到所联系的重点部门检查一次，及时发现并解决问题。⑥坚持应急演练制度。为防止各种突发事件的发生，要按照相关法律法规要求，综合公共图书馆安全管理、业务工作、读者服务、行政、后勤、网络安全等多方面突发事件，制订《公共图书馆紧急灭火、抢救、疏散方案》及《公共图书馆突发事件应急预案》，并经常性组织演练，进一步提高公共图书馆员工应对突发事件的能力。⑦坚持门卫制度。出入门携物要有"持物证"，杜绝公物外流、财产丢失；个人和部门加班要申报；办公室不得存放个人贵重物品；人走关灯，下班时要先断电、关窗、锁门（平时人离开办公室也应锁门）；自行车、机动车不能乱停、乱放；办公室、阅览室不可留宿；入库凭证件并且要进行登记；食品不可带进业务区；读者入馆要存包等。⑧坚持每日清馆制度。办公室、阅览室闭馆后的清馆（包括断水、断电、关窗、锁门等）由当班人员负责；公共区域的清馆由保卫处负责。要做到认真仔细、不留死角，发现问题、及时报告、及时解决。

三、加强安全生产台账建设，提高公共图书馆安全管理水平

安全生产台账是安全生产管理的基础性资料，是反映一个单位安全生产管理整体情况的资料和具体过程记录，是用于安全生产日常管理的各种文本、文件、资料的统称。安全生产台账在安全生产管理中发挥着重要作用。首先是在台账资料的记录、整理和积累过程中，能够起到自我督促、强化管理的作用；其次能够促进安全生产规范管理上档次、上水平；再次是事故调查处理的责任认定依据。安全生产管理既重视结果，看是不是发生了安全事故；同时又强调过程，看平时是不是加强了安全管理。在事故调查处理时，就要通过查阅安全生产台账等手段来认定责任和追究责任人。所以，要本着对安全生产高度负责、高度重视的态度和方便实用的原则，结合公共图书馆自身实际做好安全生产台账工作，落实专人负责安全生产文书资料与档案管理，按照标准化管理的要求做好相关文件资料的收发归档工作。将各项安全生产管理记录和资料按照内容和类别不同，分类成册、分类归档，进行科学规范管理，特别是在隐患排查方面一定要建立专门台账，对排查出的安全隐患要逐一登记建档，载明隐患所在地、隐患基本情况和隐患等级、隐患类别、整治措施和要求、整治目标和计划、整治进展和

验收情况、整治责任单位和责任人员、整治资金来源和投入、安全防范和应急措施等。实行公开发布、挂牌督办、跟踪治理，直至整改销案。

四、经常性组织开展检查，消除公共图书馆安全隐患

抓公共图书馆安全生产，只有经常性开展检查才能防微杜渐，防患于未然。一要落实检查责任。按照"谁主管谁负责""管生产必须管安全"和"属地监管"原则，明确公共图书馆主要领导为安全生产隐患排查治理第一责任人，分管领导为安全生产隐患排查治理直接责任人。二要突出重点。经常检查消防器材设备、走火通道、供电线路、危化品存放、安全制度和人员培训等硬件、软件是否符合安全要求。三要加强相关方管理。将承包方、租赁方、临时工、外来施工等相关方纳入自身管理制度。当前，有许多社会团体租用公共图书馆的场地开展培训教育和学习交流活动，为防止出现安全管理漏洞，必须严格落实对相关方资质审查规定，并明确公共图书馆对隐患排查治理负有统一协调和监督的职责，相关方在相关业务领域内负有直接安全生产责任。凡引入相关方的，都必须签订安全生产管理协议，并在协议中明确各方对事故隐患排查、治理和防控的管理职责。四要加强消防和安全管理设施投入。按照相关法律规定足额配备消防和安全设施设备，在年度预算中对消防和安全管理经费优先安排，在日常经费开支中消防和安全管理经费优先支出。

五、加强安全文化建设，提高干部职工和读者安全意识

安全生产是事关人民群众生命财产安全的大事，也是维护社会稳定的一件大事。公共图书馆能否持续稳定、安全高效地开展服务，关键在于人们是否具备一定的安全文化素质和安全意识。要狠抓干部职工安全生产知识学习教育。组织学习《安全生产法》《消防法》等相关法律法规，举办消防和安全管理知识专项培训班，提高消防安全职业技能和管理水平，加强安全文化建设。深入组织开展"安全生产年""安全生产月"活动，利用网络、信息简报、宣传栏等进行安全管理宣传教育。充分发挥图书馆自身优势，组织开展安全管理读者讲座、图书馆安全管理征文等活动，加强读者安全文化教育，提高读者安全意识，努力营造人人懂安全、人人讲安全的良好氛围。

第二章 大数据环境下的图书馆服务

第一节 图书馆服务理念

一、图书馆服务理念的内涵及特征

（一）内涵

图书馆服务理念是图书馆主体在图书情报工作实践中，从图书馆产出的服务性出发，对一系列图书馆问题所形成的总体看法。其主要观点有：文献信息服务是图书馆的基本产出，读者和用户是图书馆的直接顾客，不断满足读者和用户明确的或潜在的知识信息需求，是图书馆改革和发展的出发点和落脚点。

（二）特征

图书馆服务理念的第一特征是具有鲜明的选择性，在现实条件下，图书馆成了图书馆服务产品的提供者，广大读者和用户成为图书馆服务产品的利用者和消费者，他们有权选择图书馆服务。图书馆服务的选择性蕴含着图书馆供方的竞争。因此，作为文献信息服务提供者的图书馆，在读者和用户自由选择利用图书馆的竞争机制下，必须努力提高服务质量和品位，为社会提供优质的服务以满足读者的需要。

图书馆服务理念的另一特征就是层次性，读者和用户有不同层次之分的"消费需求"，图书馆必须区别对待，分层服务。

二、图书馆服务理念的内容

（一）服务是图书馆的宗旨

服务是社会发展的驱动力。社会中的人与人之间、人与群体之间以及群体与群体之间，正是通过服务活动维系着彼此的存在与发展。"我为人人，人人为我"是社会法则。

图书馆作为文化教育机构、社会文献信息中心的性质和职责决定着它需要以服务社会、服务读者为根本宗旨。它的基本职能就是直接或间接地满足读者需求，体现于图书馆各项工作的出发点和归宿点都是立足于服务。

可以说，服务是图书馆社会存在的前提，是检验图书馆办馆效益的唯一标准，也是评估图书馆工作的最重要指标。实践证明，凡是遵循服务社会、服务读者唯一宗旨的图书馆，它就能取得社会支持，从服务中获得动力，保障生存，推进持续发展。

（二）服务是要正视竞争

图书馆服务与社会其他服务活动关系密切，既彼此互相补充又互相竞争。就作为精神文化的服务而言，电视、文娱体育信息网络正日益发展、提高，任何人都无法摆脱社会文化的影响和制约，并同时参与文化的活动与创造。图书馆的生存条件面临着重大挑战，当今，人们不仅可以享用丰富多彩的电视节目以及网络信息，还可以不出家门利用网上图书馆，获取各类信息，甚至通过网上书店购买书籍。大众传媒以及信息网络发展的动力是科学技术与社会需求，它们对图书馆既构成一种冲击，同时也提供了一个动力和机遇。纵观精神文化的求乐、求美、求知总体功能，图书馆作为社会求知的知识载体将永远在精神文化中处于龙头地位。

（三）服务要提倡奉献

图书馆由国家兴办，属于全额拨款的公益事业单位，不以营利为目的。"公共图书馆的服务原则上应该是免费的。"图书馆依法执行社会文化教育任务，不能向纳税人——读者，谋取报酬，更不能巧立名目去索要非法收入。因此，图书馆工作人员应具备舍得清贫、乐于奉献的职业道德；要在社会上大力提倡志愿服务者、义工、读者等积极分子，到图书馆参与为读者服务。

在不少发达国家或地区中，正是以服务读者为荣，以供职图书馆、博物馆这样的知识殿堂引以为荣；把对知识的加工与传播视为一个精神财富的追求者、拥有者。图书馆的服务是公共的、公益的，如果就物质待遇而言，需要培育与弘扬奉献精神，而对于精神享用则应该执着追求，是一个富有者。任何一个图书馆工作者都要树立为读者、为社会奉献的价值观。

（四）服务必须明确主体

图书馆作为文化教育以及文献信息服务机构，在供需关系上历来遵循"读者至上，服务第一"的原则，即读者为主体，图书馆属客体，这是图书馆不可动摇的永恒信条。服务主体与客体的关系，即认识者和客观对象的关系是图书馆哲学的基本问题。主体和客体之间的关系表现在实践关系、认识关系和价值关系三个方面。实践关系是主体对客体的改造；认识关系是主体对客体的反映；价值关系是主体对客体所获得的利益。其中，价值关系是实践关系和认识关系的根本推动力。图书馆的社会价值从满足读者需求中体现出来。

（五）服务要重视成果

服务作为智力劳动必然要产生成果，建立服务成果的观念，对于强化服务的目的性是非常重要的。这里主要有三层意思：

第一，不仅要把服务作为一个图书馆工作过程，更重要在于把它当作一个目的。既然是目的，就需要注重服务成果。这种成果包括服务活动中的工作成果和开发信息产品的成果。为此，服务工作由始至终都要具有需求观念，开展经常性的调查研究，并建立长期的反馈系统，不断改变服务，提高工作质量，争取收获最大的效益。

第二，要从服务环境、服务态度、服务质量、服务效果等多个方面开展优质服务，创造具有特色的服务品牌。以特色营造效益，以效益显示特色。特色主要表现在藏书、数据库、网络及其各项服务项目上，以发展特色服务来提高图书馆的社会美誉度。

第三，要重视服务成果，而不异化服务成果。对图书馆服务成果要正确分析、对待，它是一个潜移默化的过程，有一定的局限，不可能立竿见影，一般由量变到质变。对服务成果的异化，也是对读者劳动成果的异化，应属"打假"之列，而不可作为提高图书馆社会价值的举措。重视服务成果必须树立科学、务实精神，以长期不懈的努力，从优质而又具体的工作成果和特色而有效的信息产品成果，所产生的社会效益和经济效益中显示出来。

（六）服务需要智慧

图书馆工作者特别是服务工作人员必须有强烈的信息意识，善于捕捉信息、组织信息、加工信息；在信息加工中需要分析信息的知识含量，从中去粗取精，去伪存真，以有用的信息进行服务；有了知识还需要以知识去开发自己的智慧潜能，进行改革创新。长期以来，由于图书馆工作受封闭、守旧的思想影响，往往缺乏信息意识，对一些新鲜事物不仅视而不见，甚至产生抵触、反感。诚然，不少同人也善于学习，不断充实、提高知识修养，但这些"知识"仅停留于"知道"，并未由此产生思想火花，进行创造思维，开创服务工作新局面。信息、知识、智慧彼此相互联系，互为因果，逐级提升，其中信息是基础，知识是支柱，智慧是核心，三者相得益彰，缺一不可。我们图书馆服务工作人员就是要善于从大量收集信息中，汲取知识营养，并升华为智慧，以自身的睿智眼光去充当信息的导航员、知识的工程师，不断开创服务工作新局面。

（七）服务要求充分

充分服务是图书馆工作一个重要原则。所谓充分服务就是指最大限度地满足读者所有的阅读要求，充分发挥图书馆为社会服务的职能。早在20世纪30年代，印度阮冈纳赞（Ranganathan, S.R.）就提出了图书馆学五定律。其中的前四条定律正集中体现着图书馆为读者充分服务的原则。

"第一定律：书是为了用的。"反映了图书馆藏书与用书的基本特征和主要矛盾，如果藏而不用就不能显示它的社会作用，用是藏的目的与结果，图书馆务必做到书尽其用。

"第二定律：每个读者有其书。"在"书是为了用"的前提下，可以引发人们思考三个层面的问题：第一，书不是为少数人服务的，而是为大众服务的，必须消除等级、阶级、城乡、性别、年龄、文化程度及生理缺憾等方面的障碍和差异，以达到最大的普及率；第二，在藏书数量上要求每个读者都有其书，就是要保证每个读者都有书可看、有书可借，取得应有的藏书数量的保障率；第三，在藏书质量上要求读者都有其适用的、喜爱的图书，需要解决供与需的矛盾。

"第三定律：每本书有其读者。"立足于书的深度利用，以促进图书馆加大图书宣传、流通、利用的力度，提高藏书的开架率、流通率以及参考咨询率。

"第四定律：节约读者的时间。"旨在要求解决好藏书提供利用的方便程度。对读者的限制及各种烦琐手续在很大程度上，表现于时间的浪费（该定律主要要求在大部分读者睡觉前、起床后必须开馆）。

（八）服务需要靠群体

现代科学技术迅速发展，文献数量以及网络信息急剧增长，无论哪一个图书馆都不可能做到把某一学科文献和信息搜集齐全；现代社会生活丰富多彩，读者对文献资料的需求繁复众多，无论在哪一个图书馆都不可能完全得到满足。由于社会分工高度专业化，图书馆群体作用将日益突显，信息服务活动整体化已形成互相依存、互相促进的势态，人们愈来愈依赖于行业内与行业间合作与交流，从而使交流与服务更加呈现多元化。当前，通过互联网向读者开展借书，使数字化图书馆与读者服务结合起来，由网络借书到送书上门，或传送期刊论文、图片、事实数据等是非常必要的。图书馆服务群体构架的目的在于，提高服务能力与水平，使服务形式更灵活、多样，服务内容更加丰富、全面。

三、图书馆服务理念的创新

(一)现代图书馆服务理念的体现

服务质量的高低是衡量一个图书馆建设水平的重要指标之一,也是促进图书馆提高建设水平的必要途径。现代图书馆通过阅览和借出的方式向读者提供书报资料以及文献复制、参考、检索等服务。图书馆的服务职能主要包括向读者提供信息资料和信息查询两大类。在图书馆诸多服务中,满足读者的信息需求只是其中的一部分内容,还包括了图书馆的服务理念、服务文化、服务模式以及在为读者服务过程中工作人员所表现出来的个人素质和服务态度等。也就是说,图书馆服务的本质是一种文化互动、感情沟通和价值确认的过程。

人性化是图书馆服务理念的价值体现,即在满足读者和社会化需求中以人为中心来配给服务资源,尊重个人价值,培养人文精神,实施人道主义,创造人文环境来充分开发和调动人的积极性、主动性和创造性并体现图书馆的服务价值的过程。图书馆服务理念是图书馆基础服务的基本方针,是整个图书馆工作的重要组成部分,是图书馆服务工作的指南,反映了图书馆服务的发展规律。图书馆服务理念在不断地发展变化中,从传统图书馆服务理念逐渐演变成现代图书馆服务理念。

(二)图书馆服务理念创新的必要性与实质

1. 图书馆服务理念创新的必要性

随着社会的不断发展和变化,图书馆必须要进行服务理念创新。在新形势下,信息技术日新月异,在知识传播、创造模式等各个方法进行了改革,网络资源成了人们获取知识的主要渠道,信息用户也能够不通过图书馆直接又快捷地获取所需信息,在应对挑战和顺应信息化潮流中,作为图书馆,有必要解放思想,开拓创新,从而实现自身的科学发展。服务是图书馆的核心和生命线,理念是指导行为的基础。图书馆只有创新服务理念,才能提高其竞争力,适应时代发展的要求。

2. 图书馆服务理念创新的实质

要想真正实现图书馆服务理念创新,首先图书馆人员要及时更新观念,不断创新,主动为信息用户提供信息服务,以提升图书馆服务质量为主要目的,创新的实质就是一切为了读者,使图书馆服务内容更加丰富多彩。

在信息时代,加快知识更新的速度,为用户提供更快、更好、更细的信息内容,才是真正意义上的服务创新。所以,图书馆要不断深化信息服务内容,利用馆藏实体资源和虚拟网络资源的优势，传统和现代有机结合，满足不同层次读者需求，真正体现图书馆服务理念创新的实质内容。

（三）现代图书馆服务理念的创新

创新图书馆服务理念是相对于传统而言的，创新并不是批评和抛弃传统理念，更不是一味地标新立异，要继承优点。服务理念的创新，主要包含以下几点：

1. 体现自由、平等、博爱

当今社会提倡自由、平等、博爱，同样也是图书馆所提倡的一种服务理念。作为图书馆，要重视人的尊严，有一颗宽容的心去包容人的弱点，尤其要为社会弱势群体提供特色服务，真正体现"自由、平等、博爱"的社会公义，让人们都能有平等地获取知识的权利。

2. 树立"以人为本"的服务理念

图书馆贯彻以人为本的服务理念，主要体现在人性化的规章制度方面，以满足人们对文献资源的需求。体现在人性化的文化环境、服务设施、功能布局等诸多方面。在我国图书馆工作中，主要体现在对图书馆特有的价值追求，需要富于人情味的关注，投入更多的情感。这样才能真正体现图书馆以人为本的服务理念。

3. 树立知识服务理念

知识服务是一种新的服务观念，是注重对信息资源的深层次开发和利用，注重知识资源增值的一种服务。知识服务需要图书馆员努力成为"一专多能"的复合型知识人才，将分散在相关领域的专业知识进行提炼，形成符合用户需要的"知识精品"。

第二节 图书馆服务内容

一、大数据环境下的图书馆服务原则

图书馆服务原则是图书馆行业在承担社会职能时应该遵循的准则。图书馆服务在新的环境下要对社会开放、平等服务和以人为本。坚持这几项基本原则，对于巩固和提高图书馆的社会地位有着根本意义：

（一）基本保障原则

在中国图书馆学会上发布的《图书馆服务宣言》中，指出图书馆应"以实现和保

障公民基本阅读权利为天职"。同样，在普通高校教学本（专）科教学工作评估体系中，对平均学生图书册数、阅览室座位个数等都有基本的要求。可见，提供最基本的图书馆服务，保障和实现读者最基本的利用图书馆的权利，是图书馆服务中的最低要求和基本原则。基本保障原则主要包括基本的馆藏资源保障率、基本的图书馆覆盖率以及基本的图书馆服务设施提供。

（二）开放与共享原则

现代图书馆的开放服务是一种更广泛意义上的开放，不仅包括服务对象类型的开放、开放时间的延长和在线服务的不间断以及藏借阅一体化的书刊资源的开放，还包括图书馆空间资源的开放、设备资源的开放、馆藏数据的开放、读者互动内容的开放等。

不可否认，我国各级各类图书馆所拥有的馆藏资源和服务能力是不均衡的，这就导致多数图书馆尤其是小型图书馆在提供全面服务的过程中大受限制，甚至无法完成。为此，应该开放思想，利用资源共享和服务共享的办法实现为读者提供满意的服务。

（三）公平与平等原则

图书馆面前人人平等，公平、平等的服务表现在对每一个读者的合法权益都要充分维护和保障。平等原则不仅仅是形式上的，还要有实际行动。从图书馆自身来说，在提供服务的过程中，应该保持公平、公正的原则，对所有读者一视同仁，使其获得公平和平等的服务。

（四）公益与免费原则

图书馆由国家和地方政府提供财政资金维系发展，承担着服务社会的重任，其服务理应是公益性的。《图书馆服务宣言》中的第一条目标："图书馆是一个开放的知识和信息中心，图书馆以公益性服务为基本原则，以实现和保障公民基本阅读权利为职责，以读者需求为一切工作的出发点。"再次明确了图书馆服务的公益性原则。

公益性服务是图书馆区别于其他市场经营性文化的重要特征，也是图书馆参与社会文化建设的最根本原则。服务公益性的表现即遵循服务免费的原则，任何类型的图书馆不得乱收费，把握好制度收费和非制度收费的界限。制度性收费，如复印扫描费不能过高，以维持成本为基本原则。

（五）便利与高效原则

服务中的便利和高效原则主要体现在：

（1）在地点和时间上方便读者。例如，深圳福田区建设的1千米文化圈，上海的15分钟公共文化服务圈等，都充分体现以人为本的便利性原则。

（2）简化服务流程，利用自助借还设备，提高服务自动化程度，方便读者自行借还，节省时间，这在很多高校及公共图书馆都已践行。

（3）细化服务标准，关注弱势群体，提高管理水平，如一卡通通借通还的应用、流动图书馆的设置、弱势群体专用设备的应用等。

（4）做好馆藏资源揭示和远程访问服务，集成检索系统的应用和远程访问系统的开通，使读者在利用各类数字资源时，能够更加便捷高效地获取所需资源信息。

（5）为读者提供高效、准确的服务内容，无论是简单的信息服务，还是高质量的智能服务，都要让读者感受到图书馆服务的高效和高质。

总之，让读者体验和感受到方便无处不在，服务无处不在。

（六）多样与满意原则

随着信息环境的变化，读者自身的服务需求也出现了多样化和个性化的特征，"以读者为中心、让读者满意"的图书馆服务，也理应根据读者需求和读者类型的改变在服务中遵循多样化原则，通过提供多样化的服务模式、服务内容和服务方法，满足不同类型读者以及同一读者不同个性的多样化需求。

读者对图书馆服务的满意程度是衡量图书馆服务效果的终极标准，满意原则是图书馆服务的核心原则。只有让读者满意图书馆的馆藏资源类型及质量，满意图书馆馆员的服务，满意图书馆的设备设施，满意图书馆的空间服务能力，满意数字图书馆的应用体验等，图书馆的价值才能够体现出来。

（七）创新与发展原则

创新是图书馆发展的动力源泉，只有不断地创新服务，才能够捍卫图书馆的地位。在图书馆服务中坚持创新原则是指创新的内容、形式和方法要有针对性，要积极主动地研究读者的需求特征，根据读者的需求特点进行创新，而不是被动地迎合读者需求和闭门造车地创新。在创新的过程中，要优先保证多数读者的信息需求，同时兼顾少数读者的个性信息需求。在创新过程中提供的服务要具有易用性和易获取性，符合读者的使用需求。

使图书馆服务在稳定发展中创新，以创新促发展，通过创新特色服务形成品牌服务效应，提高其自身的服务竞争优势。

二、大数据环境下的图书馆服务内容

在网络和信息技术的影响下，现代图书馆服务面临着一系列的机遇和挑战。一方面，一些传统的服务内容和服务方式会被逐渐改造或者淡出；另一方面，随着一些新生的服务内容和服务方式会日益增长，逐渐转变为图书馆服务的核心内容。当下，图书馆服务的核心内容主要有以下几个方面：

（一）基本文献和信息服务

近些年来，许多不同类型的图书馆都不同程度地出现了借阅率负增长的情况。但是，基本文献和信息服务的地位依然非常重要。这是因为实体馆藏目前仍然是大多数图书馆馆藏资源的主体，并且仍旧在以较高的速度在增长。

无论技术环境如何发展变化，馆藏文献，尤其是传统的纸质文献，仍然是图书馆最为基础的资源体系，馆藏文献的提供仍是图书馆最为重要的服务方式。如果将其舍弃，那么图书馆的特质、功能、作用等则无从谈起。此外，馆际互借和文献传递是以资源共享的方式对各类型馆藏资源的利用。其中，对于实体馆藏文献的互借和传递，也属于基本文献和信息服务的范围。

（二）知识服务

近20年来，知识服务一直是图书馆学研究和图书馆界积极实践的热点问题。互联网改变了图书馆的外部和内部环境，也改变了用户获取信息的方式，图书馆文献检索与信息服务的传统优势丧失殆尽，核心能力面临着困境和挑战。因此，图书馆必须顺应潮流，主动向用户提供知识服务，以提高自我核心竞争力。

（三）智能化服务

所谓图书馆智能化服务，就是将智能技术运用在图书馆的各项服务之中，形成的一种高效率、高效益的图书馆服务模式。在RFID技术之前，人们虽然对于图书馆智能化服务有许多遐想，但是始终没有成功的实践案例。深圳图书馆在国内首次将RFID技术成功地应用到大型图书馆服务领域，率先在图书借还业务工作中实现了智能化服务，迈出了我国图书馆智能化服务重要的第一步。但是，自助借还仅仅是图书馆在智能化服务方面迈出的第一步。图书馆智能化和现代化的道路是永无止境的。RFID技术不是万能的，无法解决所有的问题。如何进一步探索和发展图书馆智能化服务，还需要图书馆界有识之士的共同努力和推动。图书馆智能化服务不仅是一种或几种技术在图书馆服务中的实现，更重要的是图书馆智能化服务体现了一种现代图书馆的服务理念。只要在图书馆服务工作中秉承一切以读者为中心、处处为读者着想的理念，就会收获意想不到的效果和效益。

（四）泛在服务

图书馆泛在服务是在泛在知识环境下产生的一种新的图书馆服务类型。由于泛在知识环境使得读者对图书馆的依赖程度越来越低，迫使图书馆不得不在服务内容、服务方式和资源建设等方面发生变革和突破。虽然泛在服务的概念提出的时间并不长，但是泛在服务的思想在图书馆服务领域却是由来已久的。民国时期，图书馆界所开展的流动图书馆服务、战时图书展览以及改革开放以来各地图书馆的流动服务，都可以视作为图书馆泛在服务的雏形或者前身。

泛在图书馆的革命性主要在于突破了传统图书馆和一般意义上数字图书馆的藩篱，让人们能够不受时间和空间的限制来利用图书馆，真正体现了以人为本的图书馆服务思想。

（五）文化服务

文化服务是指提供知识文化和精神文化的服务。主要包括两方面的内容：

1. 文化展示

通过利用人文地理、历史回顾、社会热点、科学普及等方面的内容，举办多种形式的主题展览，扩充读者用户的知识结构和文化视野。例如：洛阳理工学院的李进学艺术馆、李举先生纪念馆、河洛地区精品碑刻陈列室等主题展馆。

2. 文化活动

通过图书捐赠、读书有奖知识竞赛、图书漂流、精品图书展览、污损图书展览、经典视频展播、名著影视欣赏、名著名篇朗诵、品茗书香思辨赛、优秀读者评选、搜书大赛、书法作品展、读书摄影比赛、读书微视频比赛、读书达人秀、一站到底、书模表演等各种各样的阅读推广活动，普及文化知识，整体提高国民素质。

文化服务不仅仅是一个简单的服务过程，而且是一种智慧化服务过程。这个过程既是高层次的信息文化服务过程，又是一个教育的过程，二者缺一不可。

（六）空间服务

空间服务是指利用图书馆的空间环境为用户提供的服务。包括环境空间服务和信息空间服务两大方面。不可否认，无论是文献服务、信息服务，还是知识服务、文化服务都离不开图书馆的空间环境。图书馆是人与人交流的最佳场所，是聚集信息资源和人的资源的知识空间，并鼓励用户按照他们的想象来重新设计超越传统图书馆的新空间。

读者对图书馆的关注和来图书馆的目的发生着改变，这就需要多样化的空间环境，因而，促生了图书馆的空间服务。读者需求的不断变化也使得图书馆的空间设计从信息共享空间到学习共享空间，到学术共享空间，到创客空间的完整规划。多元化的空间服务，不仅提升了图书馆的人文气息和学习环境，还提高了图书馆的运行和服务效率。

三、大数据在图书馆服务中的运用

图书馆大数据服务发展，要紧紧围绕大数据这一时代主题，树立大数据思维的服务理念，将大数据技术应用于图书馆业务中，提升图书馆信息化服务水平，促进大数据与图书馆业务的高度融合，提高图书馆综合业务水平。

（一）加强图书馆数字信息资源建设

为了更好地在图书馆中开展大数据服务，需要扩展数字信息资源的采集范围，实现图书馆本地资源与互联网资源的有效整合，树立优化处理复杂数据信息资源的发展理念，制定并完善大数据信息资源发展猜想。

1. 拓展图书馆数字信息资源范围

数字信息资源是当代图书馆的立足之本，在图书馆大数据信息化服务发展中具有举足轻重的作用。因此，图书馆不但要注重纸质资源，如图书、期刊、报纸等信息资源建设，更要有效拓展数字信息资源范围。引进一些读者需求量较大的信息资源，如社会热点信息、网络热点等，搞好图书馆数字信息资源建设。此外，还应将具有相互联系、经过挖掘分析后的数据，进行汇集和存储，进而传播知识和文化，提高数字资源的质量和利用。

2. 加强图书馆资源组织加工深度

资源的组织加工是对数字信息资源的整理排序，使信息资源更加有序，方便读者阅读查阅。在图书馆中，结构化信息本身具有一定的知识表现形式，但这种知识表现形式仅限于信息资源库内部，读者在一般情况下很难理解。因此，应将图书馆内外的数字信息资源建立语义联系，形成完整的图书馆数字资源组织架构，面向全社会开放，方便读者查阅。此外，对于历史悠久的图书、报纸等纸质信息资源要妥善保管，组织加工，发挥其有效价值。

（二）应用大数据处理技术

为了提高图书馆数据处理能力，应将大数据技术应用到图书馆信息服务中，解决实际问题，实现图书馆信息服务的转型升级，提高图书馆综合信息分析处理能力，提升图书馆信息服务质量。从整体来看，主要包括数据采集、信息处理、组织架构、知识挖掘、分析预测、结果呈现、服务技术等。应用大数据技术是做好图书馆信息资源服务，提高图书馆综合信息分析处理能力，提高图书馆信息服务质量的重要保证。

（三）提升图书馆大数据服务质量

大数据应用为提升图书馆大数据服务质量提供了广阔的发展空间。通过大数据的分析，及时发现服务中的弱点、难点，及时了解读者需求，使服务做到精细化和精准化。为了向读者提供优质的信息资源服务，既要妥善解决图书馆资源分布不均的问题，又要提高信息资源的质量；既要使信息资源具有权威性、深度性、针对性、实用性，又要创新服务模式，以主动的服务模式代替被动的服务模式。

新的服务模式将根据用户的行为有针对性地为用户提供个性化服务。例如，现在许多图书馆已经采取自助式服务模式，为读者搭建主动服务平台，提高了读者检索信息的及时性和准确性。另外，应将先进的大数据技术应用到图书馆大数据服务中，即应用大数据技术提高服务质量。图书馆数字参考咨询服务应在数字化的基础上，实现智能化服务。例如，实现人机自动应答、读者相互应答、互联网专家解答功能，使读者能真切感受到这项服务的方便与快捷，使其成为读者工作、学习和科研的良师益友。因此，图书馆主动服务模式是顺势而为，优质服务将与大数据技术结伴而行。

（四）创新图书馆大数据服务理念

图书馆应当将大数据思维融入服务理念中。首先，要扩宽服务范围，由面向本单位提供服务转变为面向全社会提供服务；其次，要扩展服务领域，扩大可提供信息服务资源的种类；再次，改进图书馆的服务方式，扩展信息资源的传播形式，如在实现图书馆自助服务和资讯服务的基础上，根据分析读者的浏览行为、需求等，向其提供个性化服务。此外，还需建立移动网络参考咨询平台，在已面向固定网络的读者提供服务的基础上，向移动网络的读者提供服务，进而全面拓展大数据服务范围。

第三节　图书馆服务职能

一、传统图书馆的服务职能

国际图联（IFLA）1975年在法国里昂举行的关于图书馆职能的学术研讨会，达成以下共识：图书馆具备四项社会职能，即保存人类文化遗产、开展社会教育、传递科学情报、开发智力资源。

（一）尽力悉心保存人类文化遗产

收藏典籍，保存人类文化遗产，这是图书馆的基本职能，也是其他一切职能的物质前提和工作基础，如果没有这一职能，其他职能就不会发生作用。图书馆从其诞生之日起，就担负起保存人类文化遗产的神圣使命。从文章到图书，以至所有文献资源，都是图书馆收集、整理、分编、入藏、传播和服务于公众的对象。如果没有图书馆的存在，不知道会有多少的美文佳作失传于世。可以说，人类的文化遗产，包括物质文明和精神文明的重要成果，绝大多数都是通过图书馆等文化机构的不懈努力而完好保存下来的。

（二）传播知识，进行社会教育

图书馆具有传播知识、对读者进行教育、促进科学文化事业发展的职能。列宁把图书馆看作是一种提高人民教育和文化水平的重要工具，认为图书馆可以成为全国最普及、仅次于学校的文化教育机关。随着社会的发展，图书馆进行社会教育的职能也会更加突出。近百年来，由于人类知识更新速度的加快，学校教育已经不能够完全满足人们对知识的需求，图书馆给人们提供了一个接受终身教育的平台。由于图书馆的藏书量极为丰富，并且包括各个门类的知识，涉及的范围极其广泛，因此社会各阶层的群众，从专家学者、工程技术人员到学校学生和少年儿童，只要具备一定的阅读条件，都可以成为读者。其教育对象是整个社会的广大群众，正如一些图书馆界的专家所指出的：图书馆的主要社会职能在于向民众提供一个接受终身教育的场所。

（三）传递科学情报

图书馆收藏了大量科学文献资料，它是汇集科技最新成果的情报基地，也是组织、利用世界图书文献的基地。图书馆进行科学文献情报的传递工作，不仅为科学研究提供所需要的图书资料，而且传播最新的科学知识和科研成果，指导科学研究的发展现状和发展动向，帮助科学工作者掌握世界上科学研究的先进水平和进展趋势，以方便其确定研究方向。

世界上工业发达的国家都高度重视图书情报工作，把它当作一种"国家资源""无形的财富"，与能源、材料相并列，作为发展科学技术的三大支柱。基于这一认识，人们认为充分挖掘和利用图书情报资料，如同开采自然资源一样，具有非常重要的意义。

（四）开发智力资源

图书馆是开发智力资源的上佳场所。智力资源是人类特有的心理活动，是人们认识能力和实践能力的总和。智力的优劣可以反映出人们对于客观世界所认识的正确程度和水平高低。构成智力的五大因素：观察力和注意力、记忆力、思维力、想象力以及判断力均与信息息息相关。因而图书馆被誉为知识宝库、信息枢纽和智力资源。

同时，学习是开启智力资源宝藏的钥匙，图书馆积淀着厚重宏大的科学文化底蕴和内涵，营造了温馨、舒适、便捷的读书学习氛围，是开发智力资源的一个理想场所。

二、大数据对图书馆职能的冲击

（一）信息化浪潮的冲击

1. 信息化与大数据

在社会信息化和信息社会化大潮流的推动下，现代人类社会的各个领域都在发生革命性的变化。信息化的发展对图书馆的发展均具有很重要的影响。相比传统的信息化，大数据的核心价值，并不只是对过去客观事实的统计，而是基于对大量事实统计的基础上，利用分析工具实现对当前形势的科学判断和对未来形势的科学预判，为科学决策提供支撑。大数据技术与传统信息化最大不同在于：传统信息化基于数据更注重查询功能，大数据技术则注重信息的互通互联，从而实现智能分析、预测、预警和决策的功能。大数据既建立在信息化基础上，又加快了信息化的进程。信息化汇聚了部分数据，而只有当这些数据相互碰撞时才能迸发出巨大价值。

2. 信息化对图书馆服务职能的冲击

20世纪，是人类在信息技术上取得辉煌成就的一个世纪，电子计算机的发明大大加强了人类加工、存贮、检索信息的能力，现代通信技术的发展大大提高了人类获取和传递信息的能力。而在电子计算机技术和现代通信技术结合的基础上产生的电子信息网络，又使人类获取信息的能力在质和量上出现一次新的飞跃。信息革命给图书馆带来的将是有史以来最为严峻的考验，图书作为一种实体，有可能会被虚化，进而出现无人、无书、无馆舍的"三无"图书馆。即使不是如此，图书馆原有的职能也有可能被弱化或转化。

随着现代科技不断发展，信息活动逐渐渗透到社会生活的各个方面，一个全球性的信息系统正在形成。信息活动从形式上看，将由集中走向分散，信息机构也将走向分散。传统的信息活动往往只集中于大型图书馆，而现代信息活动则会涉及社会各个层次结构。由于网络信息技术的出现和普及，信息的获取日益方便，人们不再需要去往图书馆就能检索到所需信息。

以上这些变化，从根本上改变了图书馆的外部技术环境，门庭若市这种在图书馆发展过程中常见的现象，也许很难再现于网络环境下的图书馆之中。正如图书馆学家陈钦智所讲："近年来，飞速发展的通讯、多媒体和数学技术从根本上改变了我们生产、收集、组织、传递和使用信息的方式，图书馆的职能面临改变。从历史上看，图书馆也从传统的藏书库转变为主动的信息中心。"

3. 图书馆在信息时代的优势

挑战与机遇并存。图书馆在信息社会中仍有不可替代的作用，并且在网络环境下，图书馆还具有自己独特的优势。这种优势表现在以下几个方面：

第一，它拥有大量宝贵的文献信息资源，这是其他各种信息机构所不具备的，只要善于开发利用这些资源，图书馆就能成为一个能动的信息中心，成为网络信息的重要提供者。

第二，有一批训练有素的信息工作者，广大的图书馆人员积累了一定的信息与信息服务方面的经验。

第三，有一批相对稳定的用户群。

第四，有政府的支持。

以上优势说明，每个图书馆都有可能成为积极主动的多媒体信息源的提供者，同时也能成为全球信息网络的有效节点，并通过这个节点向用户提供所需要的全球信息。

（二）知识经济的冲击

在近些年的信息传媒中，"知识经济"已经成为出现频率最高的一个词语，"知识经济"正在向我们走来，并且将会成为 21 世纪社会发展的新趋势。"知识经济"是以智力资源的占有、配置，以科学技术为主的知识的生产、分配、使用为最重要因素的经济。知识经济带给人类社会的影响，将是全面的、巨大的和深远的。知识经济不仅对中国的经济领域是一种挑战和机遇，对中国的图书馆界而言，也同样是一种挑战和机遇。

知识经济的发展，促进了知识的创新、交流和利用，不仅产生了许多新型的信息载体，而且必然会带来信息量的大爆炸。近几十年来，人类生产的信息已经超过有史以来几千年所产生的信息的总和。汹涌而来的信息浪潮已经使人们感到无所适从，在这种情况下，一方面，对信息的加工、管理和开发利用变得日益重要，过去的卡片目录、文摘刊物等已经无能为力，探索先进的信息加工、管理和检索技术，已经成为当前信息界的一个热点；另一方面，人们对专业的信息机构和信息工作人员依赖更大，希望得到帮助和支持。因此，信息社会不是不要图书馆和情报机构，而是图书馆和情报机构如何去迎接知识经济的挑战，探索更好的管理和开发信息资源的方法与技术，更好地为信息用户提供服务。

知识经济是一种新型的经济，它的发展取决于对知识的占有。因此，人才对知识经济的作用大大超过了人才对农业、工业经济的作用。同时，它需要的是一种新型的人才，即富有创新的人才。同样，信息社会对图书情报工作人员的工作技能和工作效率也提出了更高的要求，他们必须是高素质的复合型人才，既掌握现代信息技术，又熟悉市场需求和社会不同用户，能提供各种适销对路的信息产品和快速优质的信息服务。除此之外，一方面，国家应加大力度，采取更加具有开拓性的形式和方法，培养新一代的图书情报人才；另一方面，现有的图书情报人员应积极接受继续教育，学习各种新的技术和技能，以适应信息社会的需求。

三、图书馆服务职能的转变

在大数据时代，要想进一步做好阅读推广，就需要适应时代的发展，改变传统的图书馆服务职能，结合大数据理念进行转变。

（一）开展多种服务方式

1. 把借阅服务从馆内推向馆外

把读者吸引到图书馆的周围，为读者服务是图书馆全部工作的出发点和目的。除了对馆内的读者实行优质服务外，对馆外的读者也应该一视同仁，尤其是对老干部、军人、残疾人实行特殊服务。比如，派专人为他们送书，设立图书流通站为更多的读者提供优质的服务。

2. 举办展览

举办展览活动是拓展图书馆服务职能的又一重要措施。它是宣传社会主义两个文明建设成果，对读者进行教育的一种形式，又能定期向读者提供新书目以及专题资料索引。

3. 定期举办各种类型的知识讲座

由于图书馆是一座没有围墙的大学，所以图书馆这所"社会大学"应该走开放型、服务型之路。敞开大门为读者服务，举办各类知识讲座不仅能够充分发挥图书馆的教育职能，也能拓宽读者的知识面，使图书馆的现有资源得到充分的利用，进而使他们能更好地适应社会的发展需要。

4. 更好地开展信息咨询服务

信息咨询服务是现代化图书馆的一项主要职能，是图书馆信息服务的高级服务形式,也是图书馆的基本服务项目。咨询服务工作开展得如何,是衡量图书馆的社会地位和影响作用的标志。其目的是提供目录导引或解答用户的咨询问题,运用计算机检索帮助用户查找所需信息;信息咨询服务是属于知识密集、技术含量高、社会效益显著的综合性服务行业,以深层次开发文献信息产品为基点,大力开发具有高度准确性、真实性和具有较高的科学价值,以及具有长远效益的信息产品。

因为充足的信息资源是信息咨询服务的物质基础,要建立各类信息咨询机构,建立图书馆信息服务网,加强馆际交流与合作、互通有无,充分利用图书馆的资源,最大限度地实现资源共享;改变过去等人上门的被动服务,积极主动地为社会服务,为方便用户获取所需资料,扩大用户可利用资源的程度,科学地处理"藏"与"用"之间的矛盾,从而使图书馆逐渐成为文献信息服务中心,大幅度地提高图书馆馆藏资源的利用率;满足读者用户对各类信息的需求,提高咨询服务水平,还应想办法扩大服务对象范围,提高市场竞争的能力。

5. 开展馆际互借

它是馆与馆之间在文献信息资料利用上互通有无、互为补充,来为读者提供服务的一种方式;是扩大馆藏资源,实现资源共享,充分满足读者需求的主要手段之一,是图书情报部门进行文献资源协调共建的主要目的之一。联合目录是开展馆际互借的必备工具,能迅速、准确、及时地反映馆藏的流通状态,使互借申请有针对性,检索途径多且便捷,方便读者利用。区域性馆际合作的开展,使图书馆文献资料收藏的有限与读者需求的无限的矛盾,在一定程度上得到缓解,极大地提高其流通率和利用率。

6. 建立信息服务网络

任何一个图书馆所拥有的馆藏文献都是有限的,所提供的信息产品也是有限的,所以只有利用现代化的网络技术以及图书馆之间的协作优势,提供全文术、超文本以及多媒体的信息服务。它能使用户在查寻中央联合目录数据库时,能从系统的任何一处要求网上的内容,使所有入网的用户均可坐在家中或办公室内,足不出户,可通过自己的终端检索网上所需文献,使图书馆的信息资源实现充分利用。

7. 开展创新服务和特色服务

创新服务主要指图书馆的现代服务,也就是说图书馆参与科技研究,把最新的信息以最快、最准的形式提供给科技人员,这种参与的结果能直接或间接地创造出相应的社会经济价值,也能展示图书馆员自身的价值。特色服务就是图书馆的服务形式、服务内容、服务效果的完美统一。开展特色服务是图书馆在做好常规服务的同时,根据现实的需要与可能，选定某一专题或领域作为自己的优势，在一、二、三次文献的收集、加工和提供利用上进行整体规划，形成特色，这样就能集中优势，对某一服务领域进行重点开发，提供独具特色的信息服务，以满足信息用户的特定需求。

（二）建立合理的规章制度

建立岗位考核、奖惩制度、业务档案、业务统计等相关制度。调整岗位结构，根据各自的特长设岗定量，充分发挥全馆人员的积极性，强化图书馆的管理，对业务操作规程实行必要的检查，以便更好地修改完善其规章制度，合理地调配和安排人力、物力，努力做到人尽其才、物尽其用。

（三）提高图书馆工作人员的服务水平和服务能力

首先，优质的服务是深化图书馆的改革工作，促进图书馆事业发展的一项重要措施。由于图书馆的读者服务是处于第一线，每天要接待成千上万的读者，不仅为他们提供各项服务，而且要组织、宣传、推荐图书和组织指导读者阅读，工作十分繁忙。因此，既要树立"读者第一""服务至上""全心全意为读者服务"以及"急读者之所急，想读者之所想"的思想，又要加强图书馆工作人员的业务水平，强化服务意识，使馆员不仅具有图书馆学、情报学等专业知识，还应具有一定的外语水平和其他相关学科的知识。

其次，为了适应信息时代的发展，应该尽快培养一批名副其实的信息咨询、信息检索、网络分析等专业人才。由于用户缺乏应用现代网络技术进行查新检索的知识与技巧，容易造成误检和漏检，故应以举办业余讲座、短期培训班等短、平、快的形式，对用户进行分期分批的培训工作，重点向他们介绍检索方法和技巧，创造条件积极主动地与用户交谈，与用户共同制定检索策略，获得满意的检索结果。这不仅有利于提高用户的检索水平，提高检索的速度和质量，而且提高了服务层次和质量，更好地向各类信息用户提供优质的服务，适应社会的需要，赢得信息用户的信任和支持。

总之，图书馆实行多种服务模式并存、灵活有序的综合运行机制，提高了工作人员的相关素质，更新其知识结构，提高其服务技能和水平，积极主动地提供高效优质服务，才能使图书馆服务工作适应市场经济的需求，才能在广度、深度上有所发展，充分利用图书馆资源，使图书馆的服务工作迈上一个新台阶。

第四节　图书馆服务管理

一、图书馆服务管理

（一）图书馆服务管理概念

图书馆服务就是图书馆利用馆藏和设施直接向读者提供文献和情报的一系列活动，有时，也称图书馆读者工作。原则是"读者第一""用户至上"，一切从方便读者出发，对不同类型的读者提供有区别的服务。

图书馆服务的指向是读者，服务的内容是借阅、复印、咨询、情报、讲座、展览，以及读者研究、读者教育等。服务主体是图书馆员，服务形式表现为一次性。图书馆服务是一项具体琐碎的工作。

图书馆服务管理就是对图书馆员服务内容及过程的动态管理，不同于图书馆服务，是宏观的管理工作。

服务管理的内容，既有对图书馆员工作的部分，也有图书馆规章制度的部分，还有读者管理部分。

因此，图书馆服务管理是图书馆全面工作的管理。

（二）图书馆服务管理的内涵

图书馆服务管理指图书馆服务系统中的人、物、时间、信息等要素进行合理的安排、布置和整合，以发挥其最佳综合效益，是图书馆根据读者感知服务质量的产生和变化，进行服务的开发和管理，以实现效果、质量和各方（图书馆、读者、社会和其他利益相关者）目标的管理活动的总称。服务管理作为图书馆管理的重要组成部分，包含如下三方面内容：

第一，以"始于读者需求、终于读者满意"为导向，对图书馆服务进行战略管理。

第二，以追求"优质服务"乃至"卓越服务"为目标，通过对服务的开发、设计、整合、创新的全过程管理，不断拓展服务空间、创新服务手段、增加服务内容、保证服务质量，实现图书馆的可持续发展。

第三，以提高服务资源利用效率为目的，对技术、设备、信息资源、馆员等服务资源进行最佳配置和利用，以更好地发挥图书馆的社会价值。

(三)图书馆服务管理的特征

服务的无形性、异质性、同步性和易逝性,决定了图书馆服务管理具有以下特征:

1. 服务的标准化和个性化

标准化服务和个性化服务是图书馆优质服务的两个重要组成部分。标准化服务是由各种标准、程序和一系列环环相扣的、规范的服务环节构成的服务操作系统。标准化要求馆员必须按照程序和标准,把良好的服务技能、技巧不折不扣地体现在整个服务过程的各个环节上。而个性化服务是一种柔性的、针对性较强的、追求满意最大化的服务工程。个性化服务要求馆员在服务过程中,要淡化自我意识而强化服务意识,要以顾客满意为导向,强调感情投入和细致服务,要求根据个性需求,提供针对性的满意服务。

标准化服务与个性化服务,既相互区别又相互依赖、相互转化,个性化服务必须以标准化服务为前提和依托,没有规范服务的基础就没有真正的个性化服务。要达到服务个性化的要求,首先要有很好的标准化服务作为前提和基础。个性化服务源于标准化,又高于标准化。

但是,如果仅停留和满足于标准化服务,不向个性化服务发展,服务质量难上台阶。个性化服务是一种具有灵活性和创造性的服务行为和艺术,它的灵活性在于不照抄照搬条条框框,因人而异,因时而变,使读者能获得超过传统服务规范内容,满足个性需求的服务。

2. 服务管理的刚性管理和柔性管理

刚性管理和柔性管理是现代管理的两种方法。刚性管理是通过制定一系列章程、规定和规则。采取强制的方式与手段使馆员遵守和执行,使图书馆管理规范化、制度化,刚性管理制定了一系列严格的规章制度,能使整个图书馆工作运行有条不紊、各行其责。

柔性管理相对于刚性管理而言,是随着社会的进步应运而生的一种现代管理理念。它的理论支点是以人为本,它的实践意义是建设和谐社会,它的本质特征是人性化管理,它的核心要求是尊重人、关心人、理解人、疏导人、用好人。柔性管理以引导、发展个人能力为方法,最大限度地发挥馆员的自身价值,充分发挥员工的积极性和创造性,向读者提供优质服务。图书馆服务管理,只有将刚性管理和柔性管理有效结合,才能更有效地保障图书馆工作长期、健康蓬勃地发展。

(四)加强图书馆服务管理的意义

当今社会处于信息化高速发展的时代,数据的爆炸、大数据的发展使得广大读者获取信息的渠道更加宽广,因此,传统的图书馆服务已经不能完全满足大多数读者的阅读需求。图书馆是否能够充分地满足读者的需求,取决于图书馆的服务管理是否到位,因此,改善对读者的服务工作是图书馆转型的重点任务。图书馆必须改善现行的服务方式,适应广大读者的阅读需求,促进图书馆的快速发展。总而言之,必须采取有效的措施大力推进图书馆的服务管理工作。

无论在哪个时代,图书馆都在整个社会中占有相当重要的地位。首先,图书馆中具有相当大的馆藏书籍,读者能够在其中找到自己所需的资料,同时,图书馆还为读者提供安静的读书环境以及良好的学习平台。其次,图书馆能够有效地拓展图书馆工作人员的知识广度,因为图书馆中的大量储藏书籍需要工作人员来进行整理,而工作人员必须对各种图书有一定的理解,所以,图书馆的管理工作能够有效地拓展工作人员的知识面。最后,图书馆优质的服务管理工作,能够为各个学科的科研人员提供更有针对性的信息和资源。

二、大数据时代图书馆服务管理创新

(一)图书馆服务管理创新

1. 加强图书馆员的素质培训

近几年,大大小小的图书馆都在狠抓馆员素质方面下了不少功夫,馆员的整体水平也有了提高,但大多数图书馆只注重馆员文化素质的培养,而忽略综合素质的提高。能否真正给读者提供高质量、高效率、高品位的服务,关键在于馆员的综合素质。首先,馆员应有一定的文化素质,要给读者高水平的服务,馆员必须具有一定的知识才能、文化水平和学识修养,定期对馆员进行文化知识的培训,是非常有必要的。其次,馆员应该具备一定的道德素质,良好的服务态度需要有良好的道德素质作保证。对需求更多的服务的读者,馆员应该一如既往地提供优质的服务,切不可表现出对读者的不满。图书馆馆员的素质关系到服务的质量和图书馆的建设和发展,管理者应重视馆员的在职培训,采取全员普及培训和定向培训相结合的措施,成就一批能为读者提供高层次服务的复合型人才。

2. 树立与时俱进的创新服务理念和服务意识

"以人为本"的服务意识才是与时俱进的创新服务。人是图书馆一切活动的主体,所以认真贯彻以人为本的理念，在图书馆服务管理中显得尤为重要。

（1）营造人文气氛

图书馆员得从了解读者，尊重读者，爱护读者，以满足读者的需求为己任。对读者坦诚相助。例如，在图书馆网点布局、开放时间和开放程度上照顾广大读者的需求，为读者提供多样化、人性化的服务等。虽然读者最看重的还是图书馆的资源和先进的手段，但同样期望拥有一个浓郁人情的人文环境。图书馆发展的永恒主题都应密切围绕人文关怀。

（2）最大限度提供优质服务

图书馆员对读者的尊重不能仅限于微笑，这是最基础的服务。以提高工作的效率，全方位满足读者对图书馆信息资源的需求，这才是对读者的最大尊重。满足读者的每一个合理的需求，让读者在图书馆里有宾至如归的感觉。

（3）方便快捷的服务方式

在制定图书馆规章制度的时候，要考虑读者的需求和利益，立足于方便读者，减少一些烦琐且不必要的规定和限制，开放式的管理与自助式的服务往往令读者备受推崇。同时，图书馆的服务工作重点已由满足书刊借阅文献需求为主，转变成以知识信息和知识开发为主。而图书馆需要不断丰富和更新本馆的网页内容，建立有特色的馆藏文献数据库和信息导航系统，完善网上咨询业务，对文献信息资料开展深层次信息加工和参考咨询服务。对不同年龄、不同层次的读者设立专门的板块并加以教育引导，让读者能够快速熟悉整个图书馆的网络系统的功能。

3. 设法满足读者的信息需求

满足读者的信息需求，需要把"读者第一，读者至上"作为读者服务的立身之本，图书馆内从领导到具体服务人员都需要增强读者意识，要深入到读者中去，倾听他们的声音，征求他们对于文献资源的需求。重视读者对图书馆服务的反馈信息，及时并有效地处理。可以对读者进行回访调查，对读者的需求与意见做详细的了解。稳步向国内成熟的服务业看齐，真正地把读者当顾客、当上帝来看，这样才能更好地向社会新型服务业发展，提高自身的竞争力。

4. 改善图书馆员知识结构

加强相关性知识的教育，改变图书馆馆员的知识结构，也是非常必要的。它也是图书馆馆员接受继续教育的重要内容之一。目前，信息化技术对图书馆传统职能的拓展，图书馆从对文献资源管理到信息资源管理的转变，势必在信息活动中涉及人、经济、技术等诸多因素及其相关的问题，必然要求图书馆员对经济类、管理类、法律类、信息以及其他学科方面的有关知识有所了解。例如，通过学习"读者心理学""信息管理学""信息加工""信息资源建设""信息技术""信息检索和计算机应用技术"等多方面的相关知识来加强与读者的沟通，加速信息传递，以便能使信息资源的开发与利用实现最好的效果，从而提高服务质量。

（二）读者服务管理创新

随着接收的信息累积量增加，大数据系统进行智能选取并完善自身成为可能。大数据应用的最大意义在于它的预见性。通过有机整合海量信息进行深度数据挖掘，呈现这些数据所蕴含的可能性，预测将要发生的事情，以此使图书馆提供的服务具有预见性。

图书馆可以通过运用大数据技术，将大数据中结构化、非结构化的信息，根据读者所需进行智能选取，并进行逻辑整合，提高图书馆信息资源利用的时效性，为读者提供更有效的服务。

大数据背景下，图书馆读者服务的管理创新，还可以通过对用户个性化的阅读行为分析，确定读者信息需求的范围和方向，通过对读者进行各种算法技术的科学分析，预测出读者的阅读意愿，使图书馆能够为读者提供具有前瞻性的信息服务。大数据背景下图书馆服务管理创新还表现为，利用数据分析和挖掘可以为读者提供专属的个性化信息服务。

大数据背景下，图书馆服务的重心发生改变，不再满足于提供一次性的纸质文献服务，而转向对读者提供加工和整合后的网络信息个性化服务。面对大数据时代的海量数据和杂乱信息，用户想准确、迅速寻找到自己所需信息费时费力，这就为图书馆、为用户开展个性化的专属信息服务提供了契机。用户通过登录图书馆系统，就可以根据自己的需要，在专门的栏目，提出个性化服务要求。图书馆利用图书馆网页的论坛或者微博、微信、QQ等交流平台，将定制的阅读信息及时推送到读者手中，就可以使用户减少无法在海量信息中准确寻找的苦恼，同时，还能提升信息的时效性和信息的使用率。

大数据背景下，图书馆信息服务更加开放，可以实现服务对象社会化创新，传统图书馆多数只为本校师生及科研人员提供信息服务，提供馆内"面对面"服务，并且受本馆开馆时间限制。在大数据背景和网络环境中，图书馆与读者不再拘泥于时间、空间的局限，不同时空的数字化访问成为现实，网络环境下，图书馆信息服务对象将会得到更广泛的拓展，为保障全世界所有用户服务成为可能。

第三章 信息服务

第一节 信息服务手段与模式

一、图书馆信息服务的概述

（一）信息服务

与其他社会服务相比，信息服务是一种更具社会性的服务，在现代社会中，无论是工农业生产与经营、科学研究与开发、商业流通、文化艺术、军事等领域的职业工作，还是社会管理与服务工作，都离不开信息的发布、传递、搜集、处理与利用，因此都需要有相应的"信息服务"为其提供保障。

传统信息服务的重点是指导读者利用图书馆，教会读者使用卡片式目录，指导读者使用参考工具书和检索工具书，指示读者有关藏书的地点以及提供参考咨询等。图书馆自动化系统的使用，使卡片式的目录过渡到OPAC(联机公共检索目录)，帮助读者使用OPAC就成为参考服务的项目之一。随着光盘数据库的普及，图书馆又增加了光盘检索服务。全文电子资源的出现，促使"一体化"检索服务的形成，读者可以完成从查找文献线索到获取全文的所谓"一站式"服务。Internet的发展，更是拓宽了信息服务的范围和方式，除了传统的直接面对读者解答问题之外，一些借助于网络的信息服务（网络信息服务）形式也应运而生，如电子邮件、实时问答、超链接（文本、图片、PDF格式、课件等）、在线指南、虚拟参考平台等方式。

信息服务的解释有广义和狭义两种：广义的信息服务是以信息为内容的服务业务，其服务对象是具有客观需求的社会主体（包括社会组织和社会成员）。在服务中，这些主体称之为用户。在图书馆和情报（信息）部门开展的文献信息服务中，用户通常指科研、技术、生产、管理、文化等各种活动中，一切需求与利用信息的个人或团体。狭义的信息服务是机构或系统将搜集到的信息经过加工、处理后，利用各种手段和方式为社会或本机构内部提供信息产品和服务，满足信息需求的一种有组织的活动。信息服务是以独立的机构或机构的某一规定功能的形式所表现的一种资源，它的目的是为用户群体提供信息。

（二）网络信息服务

由于网络信息咨询是网络信息服务的核心内容和主要表现形式，因此也有人用网络信息咨询代替网络信息服务。可以说，从狭义的角度来理解，网络信息服务是指信息咨询顾问和用户之间借助各类网络进行信息传递和交流。具体地说，就是信息咨询顾问针对用户的信息需求，利用各类网络检索、选择、加工、传递信息，并形成信息咨询报告，提供给用户。而从这一角度来理解，网络信息服务其主要使命就是对网上诸多数据库、电子资源提供咨询服务。

网络信息服务的立足点为网络信息资源，网络信息资源作为信息资源的特殊形式有其特有的性质，但作为信息资源的本质属性并没有改变。因此，开展网络信息服务应借鉴传统图书情报领域的一般理论和方法。同时，在市场机制下，网络信息服务走产业化发展道路是必然趋势，因此网络信息服务的开展除图书情报部门外，还应有其他主体的参与。兼顾这两方面的考虑，根据以上几种观点，本书从网络信息资源开发利用的角度将网络信息服务界定为：针对用户的信息需求，以现代信息技术为手段，依托计算机通信网络，向用户提供原始信息以及经加工整理的有效信息、知识与智能的活动。

（三）图书馆网站

图书馆网站和数字图书馆也是一对容易混淆的概念，很多人将数字图书馆等同于图书馆网站，因为数字图书馆通常都是以网站的形式予以呈现。

数字图书馆（Digital library）是这样一个组织，它为包括特定人员在内的人们提供资源，并通过选择、整理、提供智能化途径来解释、传递、存贮数字化成果，以使他能够随时方便而经济地被一定地区或一些地区所使用。它的核心是数字化和网络化，实质是形成有序的信息空间。数字图书馆是一个"虚拟的图书馆"，它在本质上是实体图书馆的数字化，可以不依附于实体图书馆而独立存在。

图书馆网站则是建立在互联网上的、将各种信息归纳分类的、图像化的应用系统，用户可以通过图书馆网站享受图书馆提供的各种网络信息服务。图书馆网站和实体图书馆是紧密结合在一起的，是利用先进的网络技术将实体图书馆所提供的各项信息服务，搬到了互联网上并加以拓展和优化。

1. 加强高校图书馆网站信息资源建设

网络环境下,图书馆的信息资源结构发生了巨大的变化,实体馆藏资源和网上信息资源共同构成了图书馆网站信息服务的资源基础。任何图书馆离开网络资源而靠自己有限的馆藏资源来提供广泛的信息服务都是不可想象的。因此,加强网络信息资源建设是网络环境下高校图书馆网站发展馆藏建设的必然发展趋势。总体说来,主要从以下几个方面进行:

(1) 加强数据库建设

数据库建设是网络信息资源建设的基础和重点。缺乏数据库的网络就像无源之水,毫无价值。因此,要提高高校图书馆网站的建设水平,加强网上信息服务能力,必须加强数据库的建设。

①建立联机检索书目数据库

高校图书馆网站作为网络上的图书馆站点,应体现网络资源的丰富性与共享性特征,既能提供数字化的馆藏资源,又能提供馆藏化的虚拟资源。这就要求高校图书馆网站必须建立 OPAC 联机检索书目数据库,一方面提供高校馆藏的现实文献资源的信息,另一方面还能提供具有可获性资源的联机联合目录、光盘数据库书目信息与网络版文献的书目信息。

②建立特色数据库

高校图书馆不仅要建立相关数据库,而且应该根据学校办学方向、专业布局、科研水平及本地区的地方特色等特点,有计划、有目地把馆藏信息资源中独具特色的文献、图片、地图、档案等信息资源转化为计算机化的、可检索的特色数据,传输上因特网,建立具有高校特色或高校独有的全文数据库。在建立特色数据库时,要注意按知识点而不是按资源的媒体形式组织内容,成功实现点对多的网上发布式信息服务及点对点的个人专题定制化信息服务,方便用户把握本专业最新发展动态和前沿信息,为高校图书馆信息共享打下坚实的基础。

(2) 加强对网络信息资源的整合与组织

①建立电子资源导航系统

信息资源的开发和利用,要体现重在利用。图书馆事业的本质是使信息和知识为读者所利用,开发和引进数据库、电子期刊和网络资源的最终目的是,使更多的读者得到更大的利益。但面对如此丰富的信息资源,读者如何在检索决策之前,发现和定位自己所需要的数据库已成为一个急需解决的问题。如果无人利用数据库、电子期刊库,不仅会造成图书馆有限资金的浪费,而且也不利于图书馆网站的长远发展。另一方面，由于利用各种途径采集引进的数据库、电子期刊库中所收集的电子资源分布在不同的库中，呈离散状态，而且大多是根据数据库提供商编排的检索系统组织的，有的会与用户的检索习惯不相适应。因此，高校图书馆有必要根据学科专业特点、读者的信息需求对这些数据库及电子资源进行深度整序和综合处理，建立数据齐备、内容丰富、检索界面友好且检索功能强大的数据库导航系统和电子期刊导航系统。

②建立网上学术资源导航系统

由于网络信息资源具有数量巨大、来源广泛、传播方式多样化以及本身处于一种高度无序状态等特点，广大用户要在网上查找某一方面的信息时，往往需要耗费大量的时间和精力，这极大地限制了研究人员和高校师生对网络信息资源的利用。因此，高校图书馆网站应当注用对网络信息资源的收集整理，加强虚拟馆藏的建设。通过对因特网上某一领域的信息进行收集、组织、整理和有序化的资源重组，建立为特定用户群所需的信息资源导航系统。这一方面可提高网络资源的有序化，另一方面又可为广大用户利用网络信息资源提供快捷途径。同时，由于高校图书馆网站所面对的用户群为高校师生和科研工作者，他们大多承担着教学科研的重任，因此对网络资源的组织整理应着重突出学科导航系统的学术性功能。

2. 加强高校图书馆网站的网上参考咨询服务功能

①网络环境下永远需要信息中介服务

互联网的飞速发展和广泛应用深刻地影响着社会组织的演进方式，图书馆作为信息交流中介部门正经历着前所未有的改变。网络环境下，读者对图书馆的利用发生了质的变化，读者只需要通过互联网登录图书馆网站，就可以访问并了解图书馆的各种服务。图书馆网站的建立促使图书馆作为场所的机能向着作为信息资源和读者之间相互作用的中介机能的转换，图书馆网站的服务功能不仅不能削弱，反而需要强化，因为在任何技术状态下，信息查询者与信息本身都不可能完成准确的动态交互，中介服务永远被需要。

②网络环境下大多数图书馆网站的必然出路

传统图书馆通过电话咨询或设立参考咨询台，以面对面的交流方式为读者答疑解惑，在参考咨询服务工作方面取得了一定的成功，但终因人力资源及时空所限而难以有更大作为。随着网络信息技术的发展，图书馆迎来了全球化信息服务时代，依托图书馆网站这一信息平台，冲破人力资源及时空限制，重新获得了宝贵的发展机会。但同时应该看到，图书馆也面临着重重压力与挑战。在网络环境中，由于原有的维系读者"忠诚度"的种种条件，如图书馆建筑的地理分布限制了读者对图书馆的选择，已经不复存在,读者只需轻点鼠标就可以在瞬间实现对另一所图书馆网站的访问。如何在巨大的网络空间彰显自己的存在,是图书馆网站必须面对的问题。对大多数图书馆网站而言,通过竞赛式的扩大馆藏资源的方式显然不能解决问题。强化网上参考咨询服务功能,通过网络传递有价值的、有特色或者针对性强的服务,才是大多数图书馆网站的必然出路。

3.加强高校图书馆网站的个性化信息服务

概括地说,图书馆网站的个性化信息服务是指针对特定的用户知识需求,在特定的信息源中代替用户进行信息检索,并主动提供信息的一种服务方式,随着信息推送技术的运用,改变了信息传递的方向,实现了个性化服务信息传递的主动性。由于个性化信息服务具有针对性、主动性、系统性、新颖性与及时性等性能,它将成为未来图书馆网站信息服务发展的必然趋势。

(1)个性化信息服务在图书馆网站建设中的意义

①个性化信息服务是信息服务的发展方向

随着国际互联网的迅速发展,用户对国际互联网所提供的信息和服务也提出了新的要求,浏览信息不再是他们上网的唯一目的,而是希望随时掌握对他们有用的信息,要求互联网提供的是一种经过筛选、整合、优化后的信息资源。可以想象,个性化信息服务将成为信息化时代的一个基本特征。

②个性化信息服务是满足用户需求的有效手段

面对着互联网上的海量信息,用户最大的难题是如何从信息海洋中筛选出自己所需要的信息。而图书馆网站的用户最大,用户信息需求多样化,但信息获取能力不一,因此千篇一律的服务内容和方式,已难以适应广大用户的需求。因此,图书馆网站只有针对用户的个人特点和需求开展个性化信息服务,使用户能随时根据自己的喜好及信息需求的满足程度对服务过程进行控制,才能使用户的信息需求得到更大程度上的满足。

③使图书馆网站信息服务从被动型转为主动型服务

由于采用个性化信息推送技术,图书馆网站可以根据用户不同的信息需求主动将个性化信息推送到用户界面,让用户根据自己的喜好去选择和组配。这样,既可以提供满足大多数用户需求的信息服务,又能够一对一地满足用户的特定信息需求。从根本上改变了"我提供什么,用户接受什么"的传统服务方式,而发展到"用户需要什么,我提供什么"的个性化方式,大大提高了信息服务内容和方式的主动性。

（2）高校图书馆网站个性化信息服务的实现

建立 My Library 系统是目前高校图书馆网站实现个性化信息服务的一个重要途径。高校图书馆网站可通过给用户建立自己独立的页面来提供个性化信息服务，即用户在图书馆网站上注册，设置自己的账号和密码，通过认证后，用户可根据自己的知识结构、信息需求，对馆版数字资源和其他网络资源进行筛选、整理，之后图书馆网站自动生成一个由用户自己选择的个性化服务功能和资源类别组成的 My Library 个人主页，显示定制内容。这个主页主要由以下五部分组成：

①网站个性化页面定制

图书馆网站的主页是为适应广大用户的共同需求而设计的，它的设计必然不可能让所有的用户都满意，因此 My Library 为用户提供个性化页面定制服务，用户可通过修改相关参数，自己动手设计出富有个性的 My Library 页面。例如，用户可以选择由图书馆网站提供的功能模块或服务类型，设计各模块的布局形式，界面上图像、菜单等的位置，界面的色彩、文字的大小等。而且用户可以根据自己的专业、偏好、兴趣实现对各个信息或者服务模块的具体内容进行定制。

②网站信息资源定制

传统的图书馆网站界面为所有的用户提供统一的资源和服务，显然不适合用户个性化的需求。而 My Library 系统的资源定制功能，可使图书馆网站按照不同专业、层次、地域等针对不同用户的特点、爱好和需求事先组织、分类、聚合自身的文献信息资源和服务，为他们量身定做所需的具体资源和服务，进而使用户能够享受更方便的个性化文献信息资源和服务。

除此之外，用户自己还可以对自己所需的文献资源进行管理。例如，利用个人书架，用户可从图书馆网站所提供的全部馆藏数字资源中，选择自己感兴趣的图书或自己需要的信息组织在 My Library 中，形成用户的个人有架。个人竹架是完全动态的，用户可随时增加和删除个人书架中的数据库、电子图书和期刊等数字资源。个人书架同时还配备有网上文件夹，方便用户对所选的电子图书、电子期刊、数据库等数字资源按照需要分类整理。

建立个人资源导航。图书馆网站搜集（大量的本地数字资源和网络资源供用户选择，用户可定制需要的网络资源，并可按自己的想法进行资源分类，建立个人资源导航库。同时网站还提供自由链接功能，即用户除了选择网站已有资源外，也可将网站没有收集，但用户自己已知或感兴趣的网址，加入个人资源导航库。

③智能代理

My Library 系统综合了计算机与网络、人工智能、汉语语言学、情报学、图书馆学等多学科多领域的成熟理论和技术，从而实现了信息检索的智能代理机制。用户可填写信息代理申请表，通过网络递交给图书馆网站系统，它便可以根据用户定制的信息源、检索条件、检索方式和显示方式自动搜索相关信息源。一旦检索到符合用户需求的结果，就将之存放到用户的数据库中，从而实现高效的数据推送服务。用户只需动态刷新页面即可浏览相关的信息，一方面节省时间，解决了用户对信息检索不熟练的问题；另一方面，通过智能代理可提高信息的查全率和查准率。

④检索定制

针对用户不同的检索习惯，检索定制能充分支持用户在检索策略、检索方法和检索结果上处理的个性化。检索定制也包括用户检索模板定制、检索式表示方式定制和检索结果处理定制。其中用户检索模板定制可让用户根据个人所需信息的专业、应用目的、深度、数量等进行定制，从而内在表达自己相对稳定的检索限定条件；检索表达式定制是指用户可以自定义默认检索方式，是简单检索还是复杂检索；而检索结果处理定制则让用户可对输出格式、排序方式、分类组织、数据下载进行定制。

⑤网站的其他服务功能定制

用户可通过 My Library 定制图书馆网站主页提供的多种信息服务及管理功能。如定制网上预约、网上借书、馆际互借等功能，享受网上服务；定制提醒功能，当预定的图书到馆或者图片快到期了，My Library 会发出信息提醒用户等；定制最新信息通报功能，在用户登录 My Library 页面时，它会根据用户的爱好兴趣或用户的定制要求，自动通告图书馆最新动态和最近投入使用的数字资源信息，例如新购买的网络数据库、电子期刊等，以提醒用户关注，有利于用户快速了解图书馆网站的信息提供情况，方便用户进行选择和利用馆藏资源。

4. 加强高校图书馆网站的网上用户教育功能

（1）加强高校图书馆网站的用户教育功能的必要性

作为图书馆服务的重要组成部分之一，用户教育一直以来是传统图书馆有效地开展其他信息服务项目的基础。在近百年的发展过程中，图书馆用户教育经历了从传统教育到计算机辅助教育、从基本技能教育到信息能力培养的演变。随着人类社会步入信息时代，互联网技术的发展，电子信息和网络资源的迅速增加对高校图书馆网站的用户教育提出了更高的要求。高校图书馆有责任将信息技术、信息检索方面的最新变化、最新方法，及时介绍给教师、学生和科研人员，增强他们的信息获取能力，使其能够充分利用因特网和现代信息技术的优势，跟上本学科、本领域的最新发展。而信息技术的快速发展在给网上用户教育带来挑战的同时，也为它带来了新的发展机会。正如我们可以利用网络传递信息一样，我们也可以利用图书馆网站来向远距离用户传递即时的、适应需求的和适当的用户教育，这对于强化高校图书馆网站的现代化服务职能，拓展其生存空间具有重要意义。因此，网络环境下的高校图书馆网站，应该加强其网上教育指导功能。

随着因特网逐渐深入人们的生活，及时了解新的发展变化，对于广大高校用户来说变得极为重要。因为只有具备较强的信息获取能力，能够独立、及时、准确地找到所需的信息，才能在日新月异的今天，走在国际科技发展的前沿。但是一方面由于互联网上的免费信息越来越多，另一方面由于与国外信息系统的广泛联系，大量国内外数据库的集中引进，用户所掌握的信息检索知识不足以帮助他们有效地获取所需信息。网络环境下，用户面临着从不同的信息源中选择正确的数据库和对不同的数据库进行有效检索的问题，还面临如何将不同数据库的检索结果融合的问题。用户不再仅仅满足于从图书馆网站上获取局限于图书馆基本知识教育和数据库使用指南等方面的一些简单用户教育服务。网络环境下，用户对高校图书馆网站的用户教育服务提出了更高的要求。

（2）加强高校图书馆网站网上用户教育的策略

①树立明确的网上用户教育目标

纵观国内高校图书馆网站，网上用户教育整体水平一直停滞不前，其最根本的原因就在于忽略了网络环境下广大用户的实际需求，没有树立明确的教育目标，以至于网上用户教育流于形式。

高校图书馆网站所服务的用户对象是高校的师生员工，其中有刚入校的新生，也有肩负重要科研任务的科研工作者。因此，高校图书馆网站要针对用户需求，树立明确的教育目标。一方面，要开展图书馆基本知识教育，让新用户能很快了解图书馆网站及其基本功能，并学会使用网站资源。另一方面，要通过深层次的用户教育让用户拥有很强的信息获取能力，使用户具有将科学原理运用到信息处理的问题中的能力，能够选择和使用适当的检索工具以获取与学习和工作有关的所需要的信息，能够利用信息和实施满意的信息检索。而这将成为网上用户教育的重点之一。

②网上用户教育的具体组织与设计

目前，大多数高校图书馆在开展网上用户教育时，只是简单地将教学大纲、参考文献以文本文件的方式上传到图书馆网站上，实际上并没能充分结合互联网和现代信息技术的优点，无法体现网上教育的互动性、灵活性和多媒体特性。因此，要提高网上用户教育的质量，除了在教学内容上要适应用户需求以外，还要采用现代信息技术制作教学课件和网络教学主页，直观地演示教学内容，以此加深用户对所学知识的理解，激发用户的学习兴趣和学习动力。

（四）图书馆信息服务

图书馆信息服务是指图书馆利用其因特网站点，向读者提供传统信息服务及网络信息服务的活动及方式。图书馆有公共、高校和专业之分，他们的服务对象和服务内容有所侧重，但是网络信息服务内容涉及方面差别不大。高校图书馆信息服务的内容主要包括以下八个方面：

1. 情况介绍

主要包括图书馆情况介绍、服务项目、服务指南、图书馆出版物、动态新闻等。这些一般内容属于图书馆介绍性的信息，在图书馆主页上，是不可或缺的，而且会分为很多并列项。这不能说是真正的信息服务的内容，应该是对信息服务的介绍。

2. 网络导航

每一个网站都需要导航，图书馆网站也同样需要导航栏目，来引导读者使用信息服务。网络导航般分为站内导航和站外导航两大类。站内导航是将一个网站视为一个信息资源网络，为用户在站点查找信息提供引导和帮助。最常见的是"网页地图"的形式，按照网站建立时设立的项目框架和层次结构，列出整个网站中的资源目录，并且可以随时扩充和修改。站外导航是根据网站的内容特征和用户特点，有选择性的对这站点之外的网络资源进行组织，方便用户查找相关信息，常见的是列举网站名并提供链接。

3. 传统服务的信息化

传统的文献检索服务主要是利用卡片、馆藏目录、书目等工具来进行。OPAC即在线公共查询目录。用户通过网络，可在任何地方对提供OPAC服务的文献信息机构的文献信息进行远程检索，在馆藏检索的基础上，还可以通过联机的方式办理预约、借阅、续借等手续，实现馆藏的流通服务。

4.FTP

FTP（File Transfer Protocol）是文件传输协议的简称。在网络环境下，文献信息资源从印刷型向电子型过渡，网外信息资源向网上信息资源过渡。用户登录图书馆网站即可浏览各种信息资源，并可通过电子邮件等方式获取所需文献信息资源，如电子书、电子期刊等。用户还可以使用 FTP 服务器上传或下载各种文献。

5. 交互信息

主要是图书馆的公告和图书馆与用户的交互。一般使用的形式有 FAQ、BBS、电子邮件等，这些是图书馆与用户交流的重要方式，是实时或非实时的。

6. 网络课堂

高校依托自身资源，提供课程的总体框架、电子资源、讲课视频等，让用户远程登录网络课堂，学习系统知识。主要是针对社会上的远程学习者的。一般有电子课程下载、在线课堂、热点问题讨论等。

7. 检索查询

这是高校图书馆提供信息服务的主要形式，其中包括在线书目查询、期刊目次查询、文献检索、数据库检索、国际联机检索、光盘检索等。数据库建设是高校图书馆一直重视的，除了提供联机订购的或获得使用许可的商业数据库供用户检索，如，中国学术期刊网络数据库、方正数据资源、中国资讯行数据库、EBSCO、IEEE/IEE 等。不少有实力的图书馆还建有特色数据库，一般有学科性特色、地域性特色、历史资源特色等。

8. 社会服务

高校图书馆依托自身丰富的资源，通过网络向社会公众提供信息服务，并且联合其他社会机构开展合作项目，目的是服务于大众，同时，提高社会公众的信息意识和信息素养。常见的形式有网络培训、网上展览等，还有针对特定人群开展的活动，如女性、残疾人等。

每个时代都有其信息服务的特点，这是由其所处时代的经济、科技信息、通讯及文化传播等因素所决定的。传统的信息服务，那种单纯的、仅限于借阅还纸质书籍的传统的图书馆工作流程，很难将其与真正的"信息服务"联想在一起。在过去那个信息缺乏及传播渠道单一的年代，很难有什么服务模式可以提出。21 世纪初，计算机和管理信息系统的普及，图书馆的信息服务走上了模式化的道路，出现了很多具有借鉴意义的新方法和新思路，也形成数个较为大众认可的模式，全媒体概念的出现，更为信息服务模式的发展埋下了伏笔。

二、信息服务手段

当今，传统的印刷媒介、纸质媒介逐步被电子媒介、数字媒介等新媒介所取代，随之而来的便是信息传递方式的改变，信息传递方式从单向的、被动的转变为双向的、互动的，信息传递的延迟时间差越来越趋近于零。从信息传递的效率来看，传统媒体时代，信息传递的数量有限，并且信息传递的速度滞后；在新媒体时代，信息传递的数量急剧膨胀，信息传递速度大大加快。从信息传递的受众来看，传统媒体时代，受众由于沟通限制、知识面相对狭窄等局限，受众的参与意识薄弱，因而市场感知能力较弱；而在新媒体时代，受众的参与意识越来越强烈，其沟通能力加强，知识面也得到拓宽，因而其市场感知能力也得到强化。全媒体有效结合了传统媒体与新媒体的优势，并加以优化，使其在最大限度上将信息传递做到最好。

1. 移动通信

移动通信作为全媒体时代的重要产物之一，在信息传递领域发挥的重要作用不言而喻。移动通信使得数字图书馆的使用范围扩大、地点和时间不受限制，信息用户可以利用手机短信、网页、虚拟参考平台、博客、微博等方式，与图书馆工作人员进行实时互动交流，查询图书馆相关信息等。同时随时随地掌握图书馆的动态信息。

2. 数字电视

数字电视是利用数字化传播手段为用户带来集高品质图像、特色化服务于一身的数字电视频道服务。数字电视使电视节目的选择度更宽、内容更丰富多彩，可以自主地选择频道，并随时根据用户的不同需求更换节目。如果"电视机"能够在三网融合时代接入互联网的数字图书馆，则可以满足更多社会人群的信息服务需求，扩宽图书馆信息服务的深度和广度。同时可以改变我国城乡由于地区经济发展不平衡导致的文化传播不平衡状况，防止信息鸿沟的出现。

3. 互联网

互联网的发展，改变了图书馆的内涵和外延，使原来封闭型的传统图书馆逐步开放化，而数字图书馆的传输网络是多种接入方式、多种承载方式融合在一起的，实现无缝接入，读者无论何时、何地都能通过合适的方式获得永久在线的宽带服务，存取所需信息。在这个平台上，微信、微博、QQ等各种网络媒介百花齐放。

三、信息服务模式

全媒体环境下，传统的信息服务工作方式已远远不能满足用户需要，对图书馆信息服务模式的改善也势在必行。信息服务模式与信息服务有着紧密联系，其概念包含了广义与狭义之分，狭义的信息服务模式是指图书馆根据用户需求，通过充实服务内容、改善服务方式、扩展服务平台、提升服务效率等一系列措施来改善信息服务的方式和内容等,从而满足用户需要;广义的信息服务模式则是指将各种信息服务进行有效结合,以各种服务形式向用户提供各种信息服务的过程,最终满足用户需要。

当前,图书馆的信息服务模式大致可分为以下几类:从服务对象来区分,主要有纸质文献借阅服务模式和数字资源服务模式;从服务方式来划分,主要存在传统的馆藏借阅服务模式、数字化服务模式、个性化服务模式;按照服务平台划分,主要有馆藏服务、计算机在线服务及移动个性化服务;从服务效果看,经历了单纯的无反馈服务、被动反馈服务、主动推送及反馈服务三个阶段。

综上,全媒体时代的到来,为图书馆的发展注入了新的活力。它改变了文献资源的传统管理方式,扩大了数字图书馆的服务范围,使图书馆的服务内容更加规范化、个性化,服务形式也更加多样化。在全媒体时代背景下,知识交流无论是基于实体图书馆,还是虚拟图书馆,都可根据其对象和方向分为两大类:一种是单向的知识交流方式,一种是多向的知识交流方式。

(一)单个数字图书馆联合的信息服务

单个的数字图书馆信息服务,顾名思义就是对单个图书馆建立数字图书馆,并进行信息服务。单个数字图书馆是针对单个图书馆进行研究,发挥本图书馆的特色,为用户提供更好的信息服务。单个数字图书馆的信息服务模式主要有四种:基于网络的数字图书馆信息服务、基于网格的数字图书馆信息服务、基于共性需求的数字图书馆信息服务和基于知识增值的数字图书馆信息服务。

1.基于网络的数字图书馆信息服务

传统的数字图书馆的服务对象相对固定,这种固定的读者群的形成,是与读者的年龄、性别、兴趣爱好、教育背景、知识结构、阅读习惯等有关。他们在处于相对固定的文化背景中,他们对信息需求、阅读方式的选择等都有着相似性。但是随着网络技术、社交网络、数字图书馆联盟等出现,改变了用户获取信息的需求和方式。数字图书馆时代能实现在有网络和访问权限的情况下,随时随地获取数字图书馆的信息资源,由于不受读者亲自去图书馆获取信息资源的限制,只要会上网的人都可以成为数字图书馆的信息服务的对象。

互联网的普及使得数字图书馆的信息资源不再是图书馆单独使用,为自己本馆服务,而是共享数字信息资源。通过网络实现图书馆的信息集交换,在对数据进行整合形成一个全新的开放式的网络服务系统。数字图书馆的信息服务离不开网络,网络为数字化信息的高效、高速的流通奠定了基础。数字图书馆信息服务不仅包括书目的在线阅读与下载，电子文献的阅读，图书馆动态信息的浏览、查询、评价，而且还可以预测用户的信息需求，为用户提供定制化的个性服务。

数字图书馆的网络服务模式有两种：被动服务和主动服务。被动的信息服务模式则是以馆员为中心的信息服务，这种服务模式是一种以图书馆的馆员（信息服务人员）为中心，并不是将用户的信息需求放在首位，用户对信息的获取完全取决于信息服务人员（馆员），只能对所提供的信息被动地接受。这种服务是为了从图书馆内部改革来提高效率，没有考虑到服务的质量。

主动式信息服务是根据用户的信息需求来提供的信息服务，是以用户为中心来提供信息服务，主要实现用户信息服务的个性化信息服务。用户对信息服务的评价，取决了信息提供者是否能够提供用户所需要的信息和获取这种信息的难易程度。主动式信息服务可以加强在这两方面的研究，来提高用户对数字化图书馆信息服务的满意度。

2.基于网格的数字图书馆信息服务

由于技术和用户需求的发展，数字图书馆的信息服务趋向智能化、个性化。为了实现数字图书馆信息服务的这个功能，必须解决数字信息资源中数据的异构性、分布性和自治性的问题。异构性主要表现在三方面：平台异构、信息源异构、语义异构。平台异构主要是由于数字图书馆有多种硬件设备、数据库系统、操作系统等形成的。信息源异构来自于数据源本身的结构的不同。语义异构体现在一个词语表示多个含义或一个含义可以用多个词语表示。分布性是相对信息资源本身来说的，因为数字化信息存储在不同的数据库和虚拟存储设备中。自治性是指每个图书馆在馆藏资源和提供服务方面都有自主权，并不是统一的。基于网格的数字图书馆可以对数字图书馆的资源进行整合，实现资源共享，这样就可以解决上述数字图书馆信息服务过程中出现的问题。

网格是一种信息社会的网络基础设施，它将网络上所有的信息资源，即使结构化数据、半结构化数据和小结构化数据组成的各种数据库的信息资源实现互联互通，使各种信息资源实现无缝连接，构建出一个全球化的信息资源库和信息处理平台。用户可以实现全天候、随地获取信息服务。

基于网格的数字图书馆信息服务的特点是用户只需一次登录就可以访问存在在不同数据库的信息资源，信息资源的共享解决，数据的重复和冗余，形成统一的数据类型，通过对共享的信息深度挖掘出用户的信息需求，应对实行信息推送服务。基于智能化的检索并对检索的结果进行优化，提供按用户信息需求的知识服务。基于网格的数字图书中的信息资源不是静态的存储而是不断更新变化的。

3. 基于共性需求的数字图书馆服务模式

数字图书的信息资源包括数字化馆藏资源和用户信息资源，对于这些信息资源是通过基于 OPAC(Online Public Access Catalogue)的资源整合方式进行集成的。通过 OPAC 系统，可以实现不同类型、不同载体、本地资源与远程资源的整合和集成。数字图书馆的馆藏信息资源包括图书、期刊、报纸、声像资料、电子期刊等，对这些信息资源进行集成比较容易，因为它们大多数是结构化的数据。用户信息资源相对复杂，用户信息资源包括用户的年龄、性别、爱好、教育背景、知识结构、用户的检索习惯等，这些信息大多是半结构化数据和非结构化的数据。

数字图书馆馆藏信息通过 OPAC 系统，对数字图书馆的馆藏信息资源进行整合集成，形成电子期刊整合和统一的检索平台。电子期刊资源整合是对全部数据库的全文期刊按照学科、主题、作者等进行资源整合，为用户提供数据来源库、刊名、主题词快速检索、电子期刊的服务，用户通过这种方式能对电子期刊信息有全面的了解。统一的检索平台是指用户不再需要对每个数据库进行登录访问，而是通过一次登录就可以检索到不同数据库的信息资源，真正实现不同数据库之间的无缝连接，这样避免了用户同时登录不同数据库和检索结果的重复，节省大量时间和精力。

面向用户个性化需求的对口服务，包括专业知识门户站点和网络学科资源导航。专业知识门户站点就是满足重大科研项目、科研课题、优势学科的需求。将有关这些方面的纸质版文献数字化时，对不同的数据源、不同的数据结构、不同的数据库的数据、不同专业的数字资源进行采集、整合、分析、重组、去重，按照知识整体性和关联性对信息资源进行聚合形成专业知识资源系统。用户进入到知识资源系统中就能获取自己所需要的信息资源，这种服务面向的是专业主题的信息增值服务。网络学科资源导航是面向用户的学科信息需求，按学科对数字化信息资源进行采集、分类、处理、整合、分析、解释等形成整体有序的学科知识体系，用户可以通过这种知识的相关性联系检索出所需要的信息资源。通过网络学科资源导航服务，用户可以通过最短的时间搜索到全面的网络资源。不同的用户对数字信息资源的需求不同，通过专业知识学习平台对图书、视频、音频、文本等信息资源进行去重整合，为用户提供自主学习资源环境来满足不同用户的信息需求。

4. 基于知识增值的数字图书馆信息服务

数字图书馆是通过一系列技术来满足用户的信息需求。基于知识增值的数字图书馆信息服务包括在线参考咨询服务、远程教育、个性化信息定制推送服务和专业教学产业园。

在线参考咨询服务是数字图书馆信息服务的重要组成部分。通过参考咨询服务系统，图书馆员、专家与用户直接交流，更好地理解用户的信息需求，并为用户提出的问题快速及时回答，通过这种及时快速的信息交流和反馈，建立面向问题解决的信息服务。

远程教育是通过计算机网络技术、通信技术、多媒体技术和现代教学方法进行的信息服务活动，它将不同地域的馆员、教师、专家、学生和教学系统连接起来，用户根据个人的学习方式，进行人际交互协作学习或进入虚拟教室学习。让用户获取信息不再受时间、地点、学习方式的限制，真正实现人机交互的信息服务。

个性化信息定制推送服务是以用户为中心的信息服务。这种信息服务是建立在对用户的信息的挖掘和分析的基础上，用户的信息包括用户的基本信息，如性别、年龄、教育背景、知识结构、兴趣爱好和行为信息，如检索工具的使用，经常搜索的网站等信息，实现用户个性化信息推送服务。这就需要分散在某个领域或者相关的几个领域的知识以主题为标准对知识进行分类、整合、集成。在个性化定制服务中根据特定的用户信息需求，可以为用户提供定制的 Web 浏览页面、信息频道或信息栏目；也可按照特定用户预先选定的知识门类、学科专业、信息内容等信息需求方向，采用智能软件和人工干预相结合的方法，快速组织与定制检索式，把有针对性、专业性信息资源定时发送给特定的用户。

专业教学产业园是高校图书馆的特色文献资源，主要面向高校师生的信息资源个性化需求，将科研信息、教学信息和数字化资源信息整合在一起，把教学实施过程中产生的信息资源和图书馆的数字化信息资源进行集成，展现出高校的数字图书馆参与教学、跟踪教学、服务教学的作用。用户登录后，通过导航获取教学参考资源、中外文电子期刊资源、电子图书资源及网络相关的学科站点资源。用户还可以根据个人的兴趣和需求，实现专业期刊的定制、特定期刊的定制、电子图书的定制和中外文数据库中期刊论文的定制。系统会自动将实时更新的动态信息通过 Web 技术提供给用户浏览，并通过电子邮件进行推送。中文期刊论文定制是系统基于对用户的信息进行挖掘分析出用户的个性化信息需求，为用户提供定制表单，通过在线资源管理系统或个人电子邮件推送到用户的手中。

（二）多个数字图书馆联合的信息服务

数字图书馆可以由不同地区，甚至是不同国家的图书馆共同参与，对这种由多个图书馆构建的数字图书馆，在对数据处理，存储的数字化资源，提供服务的内容和方式等都不同，而数字图书馆是通过数据集之间的交换来实现最大化的资源共享，满足用户的信息需求。为了能真正实现数字图书馆的这种功能，面向多个数字图书馆的信息服务的模式包括：数字图书馆联盟、联邦检索服务和制定规范化的标准。

1. 数字图书馆联盟

数字图书馆联盟是在信息数据急剧增长，适应数字化社会发展的要求和满足用户个性化的信息服务的基础上产生的。自愿原则和契约为基础的数字图书馆联盟，对数字信息采集、存储、分析、检索、管理等一系列业务进行操作，满足用户不受时间、空间、地域限制来检索信息的同时，还通过资源共享来降低各个图书馆的运营成本，提高图书馆的整体效率。

随着计算机技术、互联网技术的飞速发展，图书馆的外部环境和内部需求已经发生了很大的变化。外部环境主要从物理空间和具体的组织结构来进行改变，数字图书馆是将数字信息存储在虚拟空间上，而数字图书馆的联盟将这些数字图书馆信息资源组织和整合在一起，实现信息最大化的共享，这样用户可以进行 7×24 小时信息服务。内部环境主要是在数字图书馆内部通过各种系统实现无缝连接，使数字信息资源的发现、采集、整合、集成、分析、检索更加智能化，用户可以通过已经加入数字图书馆联盟的任何一个子图书馆的用户界面，输入检索式进行检索，数字图书馆通过查询器将检索式分解成很多子检索，利用智能化的检索技术对不同的数据库、知识库和系统进行遍历查询，将查询的结果通过数据处理技术进行去重、去除冗余、排序等的整合，将处理好的数据通过统一的输出平台反馈给用户。

2. 联邦检索服务

数字图书馆是面向用户来提供服务的，用户在使用数字图书馆系统是最想要的是检索到自己所需要的信息资源。我们知道单个的数字图书馆在收藏的数字化信息资源毕竟是有限的，而且很多数字图书馆收集的数字信息资源会有重复，这样不仅增加了各个图书馆的成本，而且不利于信息资源的共享，不能最大化地满足用户信息的查全率。在多个单个数字图书馆构成的数字图书馆中，在检索上需要使用联邦检索服务。

近年来，数字化资源的快速发展，促进了检索工具的发展，使用户的检索方式更加方便、快捷，查全率和查准率也得到了很大的提高。当用户信息满足后又会产生新的信息需求，这些新的信息需求又促进数字图书馆为其提供信息服务。用户信息需求和数字图书馆为用户提供的信息资源之间的良性循环，为数字图书馆联邦检索奠定了基础。据不完全统计，各大高校的数据库都在不断增多，尤其是有一些 211 工程学院的数据库超过 200 个。如此多的数据库存储着大量的信息资源，一方面这些信息资源能够满足的用户的信息需求，另一方面由于没有对数据库制定统一的标准，每个数据库在数据结构、存储方式、检索方式等都存在很大的差异，并且各个数字图书馆存储的信息会有重复，这对用户的检索速度有很大的影响，因为用户为了找到所需的信息不得不多次登陆不同数据库中进行检索。为了提高查全率和查准率，用户要去了解每个数据库的特点，包括数据源的构成、数据结构、检索方式等，这样用户需要花更多的时间和精力在学习数据库的使用指南。即使是这样，用户还是会遗漏很多信息和检索到很多重复的信息。基于这个问题，用什么方法将这些来自不同类型、不同格式、不同结构的数字资源整合在一起实现资源共享，并将这些重复的信息进行处理，为用户提供集成检索服务，成为数字图书馆信息服务的一个重要研究主题。

资源联邦检索是一个面向资源的统一检索系统。它的原理是用户在一个查询界面下输入检索式，可以得到来自不同数据库的数据。它的实质就是要对多个数字图书馆的信息资源进行资源共享的基础上，为用户提供更快捷方便的信息检索服务。

大数据时代数字化的信息资源会越来越多，这些数据中不仅包括结构化的信息，如书目信息、目录信息、索引信息，而且还包括半结构化和非结构化信息，如用户的年龄、性别、兴趣爱好、教育背景知识结构、常用的检索方式、用户对检索结构的评价等。大数据技术的发展为数字图书馆的信息服务提供便利。

大数据环境下，改变了数字图书馆的数字化信息的采集、信息的组织、信息的集成、信息的分析、信息的解释的方式。数字图书馆利用各种技术对网上的信息资源进行处理，将处理后的数据整合在一起形成数据仓库，通过查找数据仓库检索信息资源来满足用户的个性化信息需求。大数据通过对数据进行处理，可以达到数字图书馆的目标，将大数据技术引进数字图书馆中进行信息服务是个趋势。

3. 制定标准

俗话说没有规矩不成方圆，为了让多个数字图书馆组成的数字图书馆系统能正常运转需要制定标准。单个数字图书馆本身就是一个复杂的数字信息系统，再由多个这种复杂的信息系统组合成一个数字图书馆系统，为了让这个系统更好地服务用户，实现用户获取信息更便利、可持续操作和各种软硬件之间的兼容必须制定标准。用指定的标准来约束各个图书馆，让他们在对数字化信息资源的处理方式、软硬件的配置上尽最达到一致，实现信息资源的共享。在大数据时代，对数据的处理需要标准，这样才能对大量数据及时处理挖掘出其价值，更好地服务用户。

四、图书馆信息服务的作用

（一）文献传递功能

文献传递是人类社会知识交流的重要途径之一。图书馆以文献为对象，向用户提供知识信息，直接目的是通过文献传递和交流，把知识和信息传递给用户。

文献信息服务处于中介地位，是文献信息的汇集点，又是文献信息的发送源。文献信息服务是通过两方面来进行交流的：一是纵向交流，是通过文献信息的保存而实现的，把不同时代的知识延续并连接起来；二是横向交流，是通过文献信息的人际交流，把不同地区凝聚着人类知识的文献，在更大的空间范围连接起来。

文献传递模块包含了两种文献传递方式：传统的图书馆与用户之间的传递、用户与用户之间的传递。

1. 图书馆与用户之间传递的方式

这是目前高校图书馆所普遍采取的方式。图书馆管理员在发现用户的文献传递请求以后，分析该请求，审核用户的身份及权限（影响传递费用与传递方式），然后，对该文献传递请求进行处理，查找并获取正确的文献资料，然后，通过邮寄、传真、E-mail 等灵活的方式传递给所需用户。当然，用户要给图书馆支付一定的费用，如文献检索费用、文献传递费用、打印费用等，可以直接用网上银行进行支付，也可以直接通过邮局给图书馆邮寄费用。

2. 用户与用户之间传递的方式

在 Web2.0 理念的影响下，高校图书馆的文献传递服务引进了用户的参与，实现了"零费用"的文献传递。这时的用户就应该分成三类：需求用户、供给用户、管理员用户。当需求用户发出文献传递请求以后，供给用户查看传递请求，然后，将自己所有的正确资源上传给系统服务器（在这里设置一种自动转发服务器）；该自动转发服务器对上传的文献资源进行备份，等待图书馆管理员的处理，同时，可自动地、及时地将该资源传递到需求用户。这样就可以间接地实现用户与用户之间的文献资源传递。

这一模块是"用户参与"理念核心的集中体现。为了实现其功能，在系统中增加设置了一个自动转发的服务器，可以对用户传递的文献进行备份，并且可自动转发到需求用户邮箱中。

当供给用户将正确的文献资料传递到服务器以后，该服务器将自动记录这一信息，包含了需求用户的必要信息（如用户身份、联系方式、E-mail 等）、供给用户的必要信息（如用户身份、联系方式、E-mail等）、所传递的文献资源的信息（如标题、关键字、作者、年份等）、时间信息等，这样有利于图书馆服务器对该操作进行更合理的处理，如转发、编目等。同时，该服务器可以对其自动转发，发送到需求用户的邮箱服务器中，完成文献传递的任务。

考虑到如下几方面原因，分为两个流程处理，以提高用户的体验：

（1）用户上传备份文献资料的同时向相应需求者转发，涉及两次大的网络远程传输，首先用户需要将文献资料上传到服务器，其次服务器需要将相应文献传输到需求用户的邮件服务器。如果传输文献过大或者需求者数量较多，用户所进行的上传操作需要等待相当长的时间，很大程度上会影响用户的体验。

（2）将上传文件自动备份与向需求用户提供文献资料的操作分开，这样可以更好地扩展，如可以设置向需求者提供文献的时间，可以避开网络高峰，而且可以大大缩短用户上传的响应时间。

（3）系统向需求用户提供服务器上的备份文献浏览，同时提供订阅功能，此时，只需要生成一条由资源所有者审核的下发记录。如果通过审核，只需要将状态改为可发送即可，大大减少了编程量，更加独立的模块也便于业务流程的修改。

（二）信息交流与共享

网络环境下的图书馆，借助计算机技术逐步实现图书馆用户、图书馆及专家之间的双向及多向交流互动。依托网络，图书馆用户也可以直接看到当前的借阅情况，网上实现图书的预约、续借、书目查询及图书推荐等，实现用户与图书馆的及时便捷的交流。除此之外，图书馆网站还开设不同的交流平台，例如，常见的电话和邮件交流，有的图书馆网站有即时信息发送平台，实现了实时交互。随着图书馆员素质的不断提高和满足用户的需求，高校图书馆陆续开设学科馆员制度，对用户的专业信息需求提供帮助和指导，而用户有专业问题需要与学科馆员探讨时，可以通过网站提前预约，实现用户与学科馆员的面对面交流。

现在图书馆大都加快了电子资料库建设，把本地区的印刷信息转换成电子文本，通过联网传给个人用户，这使用户安坐家中便能查到资料。一些图书馆还加强了馆际间的联系，读者可以通过馆中的计算机，查到千里之外另一图书馆中的节目。Internet等新技术的出现使图书馆的传统性质发生了改变，图书馆成了一种更加面向大众的新型信息中介机构，而不是少数学者皓首穷经或供人单纯消遣的场所。图书馆通过互联网与全球的信息社会联系起来，其核心价值由信息的流动性及共享性表现出来，而不是传统的馆藏。

（三）电子资源服务

电子资源的提供是图书馆信息服务的主要服务方式。图书馆网站可以提供的电子资源，一般包括中文数据库（如中国期刊网、超星数字图书馆等）、英文数据库、专题数据库、电子资源导航、光盘数据库检索等。一般来说，图书馆所能提供的电子资源丰富程度和其经费来源有紧密关系，经费充足的图书馆所购买的商用数据库数量较多，且多为全文数据库。

此外，图书馆还要考虑建立特色的电子资源，尤其是利用馆藏建立"人无我有"特色数据库并提供查询，这里的特色可以是地域性、历史性、人文性或专业性等。如公共图书馆在地方文献的利用方面具有独特优势，可以建立地域性特色文献数据库以供查询。某些高校图书馆则可以依据自身的学科优势，建立某一学科的专业性数据库。

（四）信息导航

20世纪70年代以来，人类知识的总量以每年8%的速率增长，而进入80年代后，每隔三年就翻一番。现在，全世界每年发表的科学论文大约500万篇，平均35秒一篇，学术杂志已超过10万种（定期刊物35000多种），图书70万种，不到一分钟就有一本新书问世，每小时出现近20项技术发明，科技信息每年增加30%~40%。知识的增长已远远超过了人们所能掌握和利用的限度。奈斯比特在《大趋势》中写到："我们被信息的海洋所淹没，却因缺乏知识而饥渴"。

因而，图书馆作为文献信息的收藏库，在当好提供者的同时，还要充当信息导航员的角色，为用户指引网络信息源，在信息资源的搜索、分析、整合和利用方面进行引导。图书馆可以为书刊资料制作检索工具，编制一些网上导读系统，指导用户利用各种文献信息资源，为网上资源编制索引，从而提高人们获取有价值的信息的能力。

（五）用户教育与社会服务

图书馆有着丰富的馆藏资源，整洁幽雅、宁静平和的阅览环境，现代化的计算机管理方式以及合理的开放时间和全开放的服务，足以使用户在这令人神往的知识海洋里自由遨游。图书馆还可以通过网络教会用户掌握一些寻找和搜集资料的基本技能，可以通过讲座和阅读指导课的形式向用户分段或系统介绍图书情报知识，如图书分类的知识、文献检索的方法、工具书的使用以及目录体系和馆藏结构等，使之具有使用文献资源的能力，从而引导用户养成利用图书馆的观念，使图书馆真正成为他们学习生活的重要组成部分。

图书馆依靠自身丰富的馆藏资源和便捷的网络资源，可以面向社会服务，为公众提供信息服务的同时，又给自身提供了发展契机。社会化信息服务使图书馆能直接接触社会，了解社会需求，既可以保障服务的针对性和实用性，又能避免信息生产开发与现实需求脱节的盲目服务。社会化信息服务无疑能提高图书馆的知名度，同时，也提高了图书馆的地位和影响力。它为馆员接触社会提供了机会，锻炼了馆员的社会能力和公关能力，强化了馆员的信息服务意识，进一步激发馆员的参与意识、成就感和责任心，增强对图书馆事业的热爱，有利于队伍稳定。在提供有偿信息服务的同时，图书馆本身也取得了一定的经济效益，这是图书馆寻求"自我调节、自我完善、自我发展"途径的所在，是为了实实在在为自己争取生存和发展的地位，从单纯讲求社会效益向社会效益与经济效益并举的方向发展，逐渐增强自己的造血功能。

第二节 信息服务的演变过程

图书馆信息服务的演变是一个缓慢变化的过程，这种过程，体现出了一个时代所体现的信息技术、信息处理、信息传播与信息交流的过程，也是社会开放度的一个体现。信息服务的转变是时代发展的内在要求，也是社会进步的重要标志。

一、图书馆信息服务发展阶段

图书馆信息服务观念随着时代的演变不断发展、完善。我国是具有五千年悠久历史的文明古国，纵观历史，图书馆服务的理念从无到有、从简单到复杂、从机械到科学、从片面到全面，主要经历了以下几个发展阶段：

1. "公开藏书"服务观念的萌芽

由于受到封建社会制度的影响和制约，早期的藏书楼将藏书保存起来，作为其工作的主要职能。起初的藏书通常只允许封建统治者使用，平民百姓无从阅览。

到宋朝以后，一些个别藏书者同意平民百姓借阅图书。为了扩大藏书的流通范围及传播力度，明末的曹荣在其著作中提出了要用传抄和刊刻的方法促使书籍实现传播、流通，但是在当时的社会影响力并不是很大。到了道光年间，出现了以藏书楼为原型的"共读楼"。"共读楼"的作用是可以允许少量读者进入其中进行阅览。其管理者内阁中书国英，还制定了借阅细则，在细则中规定了开馆时间、借阅数量、管理办法等。这个借阅细则是当代图书馆工作准则的最早形态，也是早期较为完善的借书规则。古代公开藏书的目的是启迪大众的智慧，所以古代信息服务的特点为：第一，服务局限性较大，服务对象仅仅是少数有文化的人，但对平民百姓的服务却十分匮乏；第二，空间局限性较大,阅览范围仅限于室内,室外阅览无从提及;第三,出现了早期借书制度和规则。

2."面向大众"服务观念产生

在1901年至1905年期间,书刊借阅活动及有关借阅方面的宣传活动大力开展,其主张扩大读者服务范围,并采取积极热情的服务态度,体现了进步、新潮的服务思想。到1909年,《京师图书馆及各省图书馆通行章程》由清政府颁布,它的宗旨是全面开放,供人阅览。五四运动后,革命先驱李大钊提出自己对图书馆的教育职能的理解,他认为图书馆不单单是存放书籍的地方,而且是教育人的地方。李大钊提倡将图书馆的藏书进行对外开放,让更多的人享受阅读书籍的快乐。有了先进思想的指导,当时的图书馆服务工作开展迅速,少数图书馆可以不定时地延长开馆的时间,为读者提供更多的阅读空间等。值得一提的是,在当时,有些图书馆还设置了流通代理处等设施和场所,并开展种类繁多的阅读指导活动。读者服务工作随近代图书馆的产生而产生,它的服务工作特点是:第一,服务对象广泛,涉及社会各阶层人员;第二,服务方式由单一化向多样化发展;第三,服务时间延长,服务空间扩大。

3."读者第一"服务观念的形成

1949年以后,图书馆在服务理念及服务方式上发生了本质性的变化。图书馆逐渐摒弃影响图书馆发展的落后思想,形成了资源共享的服务理念。图书馆服务工作类型更趋多样化,服务范围和服务效率不断扩大和提高,图书馆服务工作发生了前所未有的变化。现代图书馆服务工作表现为:第一,读者成为图书馆服务工作的重心,图书馆已经彻底脱离了"藏书楼"的概念,成为服务大众的文化教育场所和机构;第二,网络信息服务发展日趋完善,有替代普通流通服务之势;第三,服务手段及方式日趋现代化。

二、演变过程

(一)从文献管理转向知识服务

随着计算机和文献信息管理系统的普及,越来越多的图书馆,已不再仅仅满足于单纯的文献信息管理,他们更希望为用户提供有价值需要的知识信息服务,采用更现代化的文献信息管理系统,专题服务、一站式信息服务等许多服务方式产生。随之带来的是图书馆工作方式和模式的改变:厚厚的借书卡被一张小小的校园卡或者员工卡取代,从文献的借出到归还,统一实行自动化和智能化,使图书馆的办事效率和流程得到了大大的提高和简化。但是计算机辅助系统的存在仅仅是解决了文献管理的弊端，却不能使核心的知识传播与流通得到质的变化，于是知识服务便出现了。知识服务是文献管理的升华，文献管理侧重于物理文献的排序与整合，知识服务则是对抽象知识的提炼与传播。现阶段图书馆关于知识服务开展的最典型的事例就是参考咨询，随之深化扩展出来的，便是图书馆的专题服务、定题服务、检索行新服务等，这些都是知识服务的具体表现形式。知识服务是高校图书馆信息服务发展的必然走向，而且，现有的知识服务也越来越多地借助于计算机信息系统的运行。更重要的是，这种知识服务的理念由高校图书馆传播开来，得到社会主流意识的认可，在公共图书馆、私立图书馆、科研院所等，有关知识服务的应用，随处可见。

（二）从被动型服务转向主动型服务

传统的"你问我答、你不问我不理"的被动型服务显然已不能为用户所接受，图书馆正在打破旧有的等待用户上门的服务方式和单一、僵化、封闭的服务模式，采取开放型服务，主动为用户提供多种类、多渠道的信息资源。从历史上来说，传统的图书馆文献信息服务主要依靠大量的文献资源，而且由于物理文献资源本身的限制，图书馆员在信息服务的方式上也是比较单一的。现代计算机和文献信息管理系统的综合应用使得图书馆员的工作重心，由收集大量文献资源转移到了筛选文献并编目做成可检索书目供检索使用上面来。对于高校图书馆，由于网络的普及和应用，图书馆作为师生外部信息获取渠道的作用被大大削弱了，因此高校图书馆开始了服务的转型，由传统的被动提供书目信息和检索信息转向主动推送的方式。

最为我们所熟知的主动服务就是图书馆主页的新书推荐栏目，图书馆通过醒目的新书推荐，包括了作者、摘要、简介等书目信息，可便于供选择选择，省去了自己翻阅的麻烦。在很多高校，图书馆在采购书目的时候，会向学校师生发布推荐信息，设有读者"推荐购买"一栏，真正做到按照实际的需求购买最合适的书目，这无不体现了现代高校图书馆的积极主动型服务的态势。更有甚者，地区高校之间组织图书馆联盟，实现地区间书目信息的共建共享，也是现阶段高校图书馆发展的一个大方向。

（三）从单一型服务转向多样型服务

传统的图书馆信息服务主要是指计算机时代前的服务方式，例如，我们所熟知的卡片目录等，传统的图书馆信息服务的模式是单一的，无非是物理书籍的借阅归还活动、简单的参考咨询服务，像类似检索查重、科技查新之类的活动在当时看来，所要耗费的人力物力是无法想象的。

全媒体环境下，图书馆正试图打破原有的单一型服务，努力向多样型服务方向拓展。全媒体的具体表现形式是丰富多彩的，具体到图书馆来说，我们所熟知的主要有移动通信、数字电视、互联网等，甚至包括更先进的一些设施，如刚被推广不久的、被吵得火热的云技术。除了我们所熟知的借助网络的个人检索功能之外，高校图书馆以其专业的学术素养，丰富的高技术教师队伍以及对时下各种功能齐全的检索系统的应用，很快将服务的外延往外扩展。面向不同层次用户、不同需求，提供分门别类的多样化服务，信息定制服务、信息推送服务、特色数据库服务等，各种个性化服务层出不穷，既完善了高校图书馆的服务类型，也能更好地为广大师生、研究人员和其他用户服务。除了正常的学术交流及检索外，不少高校还专门设置了专门的参考咨询机构，与企业等主体的紧密合作，使得高校图书馆冲出学校的围墙，开始面向外界发挥自己的余力。高校图书馆服务模式的多样性，是高校图书馆适应时代发展的必然方向。

（四）从公益型服务转向有偿服务与无偿服务相结合

众所周知，图书馆的经费基本都是从财政拨款中获得，传统的公益型服务使得图书馆没有斗志没有生气，经费紧张的问题一直存在，归根到底是因为图书馆的公益性质所致，无论是公共图书馆，还是高校图书馆，其员工的付出与收入均不被看好，这也是图书馆一直缓慢发展的原因。如今图书馆为发展引进了大批先进的自动化查询设备，每年的购书经费更是占了财政拨款的很大部分，对地方财政支出也造成了极大的压力，而图书馆占据了丰富的资源，却难以为自己的生存发展做出贡献。

本着服务于教学又能充分发挥自己优势的原则，高校图书馆开始了自己的发展步伐。全媒体环境下，高校图书馆可以尝试面向部分用户、部分内容提供有偿服务，将无偿服务与有偿服务相结合。面向企业、机构、公共部门等，针对部分服务，如，文献检索、科技查新、集成服务、特色数据库服务等项目可以适当收费，既可以调动馆员的工作积极性，也可以弥补图书馆本身的经费不足情况。在现阶段高校图书馆的构建中，几乎所有的高校图书馆都设立了参考咨询部，其中均有科技查新与检索服务，相对低廉的收费使得学生和教师都能接受，便捷的服务和优势的资源使图书馆大放异彩。再如图书馆的馆际互借服务，实际上，仅仅是将若干个图书馆的文献信息资源进行整合发布，但却带来了"1+1＞2"的效果。实际上，高校图书馆的公益性有偿服务是提升高校图书馆整体形象的最佳措施，实现了社会效益和经济效益的有效整合。

第四章 大数据对高校图书馆信息服务的影响

第一节 咨询服务

图书馆信息种类多,一般包含了结构化数据、半结构化数据和非结构化数据三种数据类型。结构化数据指的是图书馆各种类型的电子资源;半结构化数据是指图书馆博客、微博、留言簿、BBS等用户咨询借阅时产生的大量数据。非结构化数据是指用户在线咨询、浏览网页记录、搜索方式、行为痕迹、存储和下载信息行为时,出现的各种视频和语音。同时,随着智能手机的普及,人们可以随时随地的从手机、电脑等设备中获取自己的个人信息、浏览信息等,这也能产生不同的数据,这所有的数据便组成了图书馆信息咨询服务的大数据。每一天这些数据都在不断地增加,随着数据爆炸式的增加,将给图书馆的信息咨询服务带来巨大的影响。

一、数据存储

由于文件、图片、音频、视频等数据的不断增长,造成了知识库严重超载,因此对信息资源的有效管理便成为大数据时代主要解决的问题。

对大数据的管理还存在许多问题,首先,目前的信息咨询服务存储很难解决大数据的性能共享问题,原因是大数据结构太复杂,其中包含了结构化数据、半结构化数据和非结构化数据三种数据类型,想要对这些数据的存储和共享都非常困难。其次,由于数据量的急剧增大,网络传输性能同样也会受到影响,采取怎样的措施来对文件进行管理和保护,都是需要解决的问题。网络是一个开放的环境,信息安全随时都受到威胁,信息污染盗窃经常发生,因此对信息资源的保护是完成信息资源服务的基础。最后,长期积累下来的数据难免会存在很多重复的文件,它们所占的存储空间就造成了资源的浪费。因此大数据时代,首先要解决的就是数据存储问题。

依据对图书馆业务和存储技术的深刻理解,提出对数字图书馆存储解决方案,满足海量数据存储、关键数据备份以及应用系统的保护和恢复等需求。

1. 数据集中存储

根据图书馆服务器众多，存储需求大的特点，应采用高性能、大容量、易管理的磁盘阵列作为核心存储设备，搭建基于 FC 或者 IP 的存储区域网络（SAV），实现了数据的集中管理。

存储设备一般都具备可插拔的主机接口模块，能够灵活的实现 FC、IP 或者二者的混合组网。同时，通过采用新的硬件技术，极大地提高了存储设备的处理性能，满足各种业务系统高速读取需求。

针对服务器虚拟化应用的要求，存储设备应针对性地进行开发，能够满足多种主流虚拟化平台的管理要求，很好地适用于 Hyper-V、XEN 等虚拟化应用环境。针对大容量 SATA 磁盘在图书馆的广泛应用，存储设备应内置 CRAID 技术，也就是将传统的以磁盘为单位的 RAID 改变为以 CELL（数据块）为单位的 RAID 技术。能够极大地提高 RAID 的重建速度，保证系统数据安全。

2. 业务数据的快速备份

针对图书馆管理系统和自建资源等重要的业务数据，采用第三方的备份软件，配合存储系统实现磁盘到磁盘备份。

"磁带机＋备份软件"是目前图书馆较为常用的备份架构，而这个架构在对海量数据的备份需求时，已经显得捉襟见肘。磁带备份所需的时间，变得越来越长，使备份操作无法在高峰时段完成，进而影响了生产应用程序的正常运行，以至于备份成为信息管理员们的噩梦。

磁盘到磁盘的备份正是理想地解决备份难题的方案之一，也就是采用磁盘作为备份的介质。由于磁盘本身的性能优于磁带，在采用 RAID 技术之后，还可以将读写数据流同时分布到多个磁盘上，用户得到的就是一个磁盘组的性能。因此，磁盘到磁盘的备份方案大大提高了备份和恢复的速度。

磁盘是密闭的电子设备，其本身的可靠性就大大高于磁带。在取消了机械手、磁带机等机械设备后，磁盘到磁盘备份的可靠性得到了进一步的加强。磁盘 RAID 技术的采用，在提高读写性能的同时，也保证了备份数据的安全性。所以，磁盘到磁盘备份，有效解决了磁带备份在可靠性和性能方面的固有问题。

采用开放的、符合国际标准的 FC 或者 IP 的存储区域网络（SAN），减少设备数量，提高空间利用率，统一规划、管理和备份，降低 TCO；采用大容量、低成本的存储设备集中存储数字资源，降低用户的资金压力，确保各种图书资源都能够永久在线；采用先进的 RAID/CRAID 技术对数据进行保护。保证数据安全，提高系统可靠性；结合数字图书馆的海量数据备份需求，提供磁盘到磁盘的备份解决方案，建设完善、快速的数据保护方案。

二、数据处理

随着云计算技术的兴起，解决了部分图书馆信息咨询服务的数据存储和处理问题。但是大数据时代的来临，对数据的存储和处理能力都有很高的要求，一般的技术已经无法满足大数据的处理。因为大数据的数据种类繁多，结构复杂，包含了结构化数据、半结构化数据和非结构化数据，想要用传统的信息咨询系统进行分析和处理已经存在很大的难度，只有不断提升信息咨询技术才能解决大数据的处理问题。目前，常用的大数据处理技术有 Hadoop 技术、Map Reduce、NO-SQL、云计算、关系型数据库等，这些技术都是随着大数据时代的来临而产生的。图书馆在处理大量信息的时候就可以采用这些技术，为图书馆信息服务做技术支撑。

数据挖掘就是从海量数据资源中挖掘出有用的信息，即从大量的、不完全的、有噪声的、模糊的、随机的实际应用数据中发现隐含的、规律性的、人们事先未知的，但又是潜在有用的并且最终可理解的信息和知识的非平凡过程。数据挖掘的初衷是发现潜在的信息，而不是表面的知识，所以说挖掘出的信息越是出人意料，越有可能有实际应用价值。主要指利用各种分析工具在海量数据中发现模型和数据间关系的过程，通过发现的模型和数据间的关系来对未来进行预测，帮助管理者找出数据间隐含的关联规则。重视曾经忽视的因素，被人们誉为解决当今数据爆炸而信息匮乏的有效办法。实际应用中，常常称数据挖掘为 KDD——数据库中的知识发现。数据挖掘融合了数据库、人工智能、机器学习、统计学等多个领域的技术。数据挖掘最核心技术是数据库、人工智能和数理统计。

图书馆的数字化程度越来越高，通过数据挖掘技术为图书馆服务平台提供技术支持，通过信息的整合，主动发掘各种读者的阅读需求，满足读者的不同想法，有利于信息多元化的发展，每种数据挖掘都有各自的特点和方式，对于图书馆数据挖掘技术也是如此，整个过程是一个相当复杂的算法处理的过程。这一过程是人机结合、处理循环、逼近目标、知识发现的过程，包括了数据的收集、整理、挖掘等，同时，不是简单的单次模式，而是一个循环迭代的工作模式，也只有这样，才可以使其实现最终的要求。

信息数据挖掘的过程首先是数据库的建立。图书信息数据是图书馆信息资源重要保障的关键环节。图书馆每年的文献购置费是有限的。如何利用有限的经费来科学地采集各门学科相关的专业信息，使采集经费最大水平地发挥效益，一直是采访工作的难点。而运用数据挖掘技术可以通过对图书馆的借阅流通记录、检索请求进行分析，分类统计文献拒借集和频繁借阅集，得出信息采集的目标，从而有针对性地补充和丰富信息资源。

用户数据按数据类型可大致分为用户描述类数据、用户需求类数据、用户行为类数据和用户反馈类数据四类。目前，随着数字图书馆的深入发展，图书馆获取用户数据的技术与渠道不断拓宽，主要通过数字图书馆服务在过程中获取。数据挖掘在集成、一致、经过清理的数据上才能更好地实现，因此必须对搜集到的图书馆用户数据，进行数据清理、数据变换、数据集成和数据装入等必要的数据处理过程，建立一个整合的、结构化的用户数据仓库，并及时更新。图书馆通过多个渠道获取用户数据：用户借阅资料的数据、网络访问日志等数据、用户反馈信息、用户需求信息等。

根据已有的推荐图书系统以及电子商务领域的个性化商品推荐系统等，很多学者也在着重分析数据的基础上研究个性化推荐算法。此类研究领域的相关算法中，应用较为广泛的有层次凝聚算法、用户协作推荐算法、聚类算法以及协同过滤推荐算法等。国内相关学者在基于图书馆借阅数据的基础上为图书推荐提供了模型和方法，针对基于内容过渡的个性化推荐算法的利用领域分类模型上的概率分布表达用户的兴趣模型，还有基于用户近期兴趣视图的个性化推荐系统，从而为用户提供动态的个性化服务。基于用户聚类的方法利用协同过滤的技术，对借阅数据进行了整理、分析和处理，旨在设计并实现个性化图书推荐系统。

Hadoop 是一个由 Apache 基金会开发的分布式系统基础架构，实现了一个分布式文件系统（Hadoop Distributed File System，简称 HDFS），用户可以在不了解分布式底层细节的情况下，开发分布式程序，充分利用集群的威力进行高速运算和存储。HDFS 具有高可靠性、高可扩展性及高容错性的特点，并且设计用来部署在低廉的（Lowcost）硬件设备上。同时，它支持以高吞吐量（High Throughput）来访问应用程序的数据，适合那些有着超大数据集的应用程序。2004 年，Google 公司提出的 MapReduee 编程模型，解决了大型分布式计算中的编程模型问题。随后，Apache 基金会根据 MapReduee 模型开发出开源的大数据处理框架 Hadoop，在 Yahoo、IBM、百度等公司得到了大量的应用和快速推广。针对图书馆大数据环境特点，基于 Hadoop 技术构建图书馆大数据存储系统，它可满足图书馆对复杂大数据的存储、查询、分析和决策的需求。

三、信息安全

大数据本身就是数据，只要是数据就存在一定的安全问题。如今，网络的开放、各种信息资源的共享，都可能存在信息安全问题，例如，图书管理员、用户、都存在知识的共享与交互，他们在进行知识共享和交互的时候可能没有注意网络环境是否安全，这样容易造成信息的泄露，对个人信息安全造成威胁。社会各行各业都有自己的知识产权、个人的隐私，因此在信息咨询服务中都可能存在信息安全问题。现在的数据信息安全和过去的信息安全问题有很大的区别，人们既想得到数据的开放，又想更大限度地保护自己的隐私，这使得在大数据时代必须让二者相互保护和平衡，共同发展。

综上所述，图书馆为了适应大数据发展，对图书馆信息资源应该有一个调整，通过建立更加完善的大数据架构来保障信息咨询服务的方便性和安全性，从而可以为信息咨询服务打下坚实的基础。以下是从大数据的采集、存储、处理和应用方面来构建的大数据架构，对数据进行分层处理，大数据的处理能够更好地解决信息咨询服务中的数据存储、数据处理和信息安全问题。

大数据存储安全性，是关系图书馆服务可靠性和读者隐私保护有效的关键问题。首先，图书馆大数据存储系统应保证数据的完整性，确保数据不被截获、监听、窃取、篡改、复制、破坏或丢失。并能够通过图书馆部署的数据安全监控和网络安全监控设备，对与大数据存储相关的数据存储系统、网络传输系统、数据采集系统、数据传输节点和应用软件进行安全蓝控，及时发现大数据存储面临的安全问题。

其次，应通过用户访问权限授权、限制和特权审核的方式，对访问数据库存储系统的图书馆员工和其他访问者，进行身份与访问权限限制，防止恶意用户通过获取超级权限来访问和侵犯大数据库。

第三，图书馆网络是图书馆大数据存取的载体，如何通过有效检查大数据存储区域网络的安全性和存储安全控制日志（比如防火墙、IDS 和用户访问日志等），是及时、准确地发现图书馆大数据存储安全问题的重要步骤。

第四，图书馆如何实现大数据的快速备份、过期敏感数据擦除和数据灾难恢复，也是提升大数据存储系统安全可控性应重点关注的问题。

（一）系统硬件安全与维护

1. 图书馆系统控制室正常运行与安全维护保障

作为高校图书馆管理系统设备的放置地方，其中包括管理系统服务器、磁盘阵列、网络交换机、本地电子资源库、电子资源存储等，对设备放置的外部环境要求很高，并且需要利于散热，又不需要灰尘落入，对各类设备的正常运行保证有个良好的环境，使其发挥性能稳定性。

总的来说，设备控制室对电的要求也是很高的，一切设备正常运行的基础就是电源。由于现阶段各类主客观因素的影响，比如，外部施工挖断电源、跳闸、限电等的制约，会导致系统出现断电的现象，使得设备不能正常运行，影响图书馆的正常工作。而且突然的断电会对设备造成损害，例如，磁盘阵列的损坏、数据丢失等，所以对图书馆提供备用电源是很有必要的，可以采用UPS断电智能报警系统，在突然断电时提供报警并及时通电，保证系统的正常运行。另外，机房也需要安装必需设备，防止外部强电、弱电对系统设备的侵害。

2. 系统硬件的安全与维护

对高校图书馆系统硬件的日常安全保障与维护工作，包括对系统服务及其网络资源的维护，它们能否正常运行关系到图书馆的日常工作需求，因此，是至关重要的。

（1）服务器的安全与维护

服务器安置在系统控制室中，它是日常全馆处理数据的核心单元，相应的服务器配置了磁盘阵列、备用电源、大内存等，保证其可以在连续运作状态下的快速、稳定的性能。在对服务器安置的过程中需要和数据库服务器分开放置，并分别对其进行严格的安全管理与管控。

服务器在日常使用过程中，应该采用集群技术，这样可以保证服务器的可能性运行，就是用两台服务器采用双机热备份的模式，这样若一台机器出现问题后，另一台机器可以快速地接替主服务器进行工作。日常也应该对双机服务器进行检查，发现问题，及时进行解决，尽早发现问题，保证服务器的稳定性与可靠性。

（2）网络的安全与维护

网络系统是图书馆必不可少的硬件需求，不管是内网还是外网，都是图书馆正常工作、与外界进行正常通信的渠道。在网络系统中要对设备的软故障进行日常的排查，其主要表现为交换机时好时坏的状态、出现丢数据包现象等，这些因素都会造成网络系统的不稳定性，严重时将会导致网络长时间无法正常运行，导致图书馆正常工作处于半瘫痪状态，对日常的图书借还、图书加工等造成影响。因此在网络系统的建设、维护过程中，需要定期对网络设备进行检查、维修，及时更换有问题设备，也应该充分考虑网络设备所处的环境，选择适宜于环境的介质。

图书馆内部核心交换机放置在系统控制室，采用的是双冗余备份方式，保证一台交换机出现故障时，另一台交换机可以无缝接替进行正常工作，平时也需要对交换机进行日常检查及时发现问题，及时解决，定时对服务器的网络传输状况进行记录、查看。

（二）系统软件的安全与维护

1. 操作系统

高校图书馆管理系统的使用者面向于教师和学生，用户广泛、日常数据量大、业务流程复杂、人员管理权限不单一等，这些对应于系统提出了更高的要求。操作系统需要选择安全性能较高的系统，及时关闭和操作系统不相关的应用进程，定时更新系统安全补丁，确保系统安全运行。

2. 图书馆管理系统（数据库）

数据库是高校图书馆管理系统数据存储的核心所在，它的安全性很重要。然而数据库管理系统可以对数据完成有效的存储、分析、查询、删除、增加等基础操作确保数据库的安全存储、合法化访问，可以对数据库设置有效的访问权限，这样需要访问的用户就可通过用户名和口令进行识别，增强了对数据库安全性能的保障。当然，这样的权限访问方式，需要做到对用户权限给予明确的划分，不同的用户具备不同的访问权限，做到权限分配清晰明了。

虽然对数据库的安全性进行有效的保障，但是还是会存在一些不可控因素造成的安全隐患：自然灾害、人为原因、设备损坏等。因此，需要建立对数据的备份操作，定时定期进行备份，不仅需要有多重冗余备份，也需要异地数据备份，这样即使某个地方的数据出现丢失或者遭到破坏，也可以在另一个地方还原保存副本数据，为后续恢复数据奠定基础。与此同时，也要对数据恢复机制进行一定的规范，定制数据快速有效恢复的方案，在必要时根据发生的不同情况，采用不同的恢复机制进行有效恢复，确保备份的数据完整无缺。

第二节　服务方式

随着移动互联网的发展，传统的信息服务方式已经不能满足用户的需求了，图书馆应该找到新的突破口来提升自己的信息服务能力。首先，图书馆应该大量收集文字、图片、音频、视频等文件，对其进行加工，丰富自己的馆藏资源。其次，图书馆应该针对互联网上的信息资源进行整理，丰富自己的数字化信息载体，以完善图书馆的各项服务。同时图书馆应该通过联网为用户提供个性化服务，目前用得最多的就是信息定位服务，例如，微信上有一个定位功能，只要启用这个功能就可以知道你所在的位置以及周边的美食和景点，为我们的出行带来了方便，这就是大数据时代信息发展的结果。图书馆同样可以通过手机客户端，为用户实时的推送最新新闻动态，让用户及时地了解图书馆信息，为我们的信息查询和跟踪带来方便。

一、IC 服务

国外一些大学图书馆为满足用户需求，采取新的服务传递模式，即建立了"Information Common（信息共享空间，简称 IC）"，通过重新配置图书馆的物理空间、整合服务联结信息资源、提供技术和研究帮助的服务方式。现阶段，高校图书馆下设的部门有图书流通借阅部、报刊阅览部、电子阅览室、视听光盘阅览室、信息咨询服务部等，纸质书刊与多媒体、数字资源分开管理，借阅纸质馆藏图书和使用同方知网、方正、万方等电子数据库要到不同库室，文献资源分散，加上服务设施不健全，参考咨询人员缺乏，读者服务工作举步维艰。建立 IC 阅览室，即在一个空间为读者提供所有的服务。

二、学科服务

起步阶段的高校图书馆学科服务一直以配备学科馆员，搜集建设专业馆藏，建立简单的学科导航、开发专业学科索引文摘为主。随着读者专业需求的不断扩展，学科服务更向纵深发展。

1. 建立学科馆员的技术服务平台

在这个平台上，馆员与用户可以互动，随时沟通交流，了解用户需求，解答用户咨询，发布文献信息。

2. 深层学科信息目次服务

按照学科和主题整理期刊、图书及电子数据资源的目次，汇集成学科目次专题，传递给用户使用，提高信息利用率，更方便了读者查找资料，利用学科服务平台发送。

3. 丰富学科导航内容

提供学科专家介绍、学科网址链接；提供国内外新成果新技术要览、新动态信息；

学科文摘参考、学科进展综述、学科文献评介、学科立项查新。

4.建立本院科研项目服务档案

开展课题项目调研、课题资料搜集、课题相关内容的代查代译、课题论证等科研项目追踪服务，撰写专题科研报告。

（一）我国高校图书馆学科服务团队建设问题

我国高校图书馆学科服务团队建设经历了一个从无到有、由少到多的过程，虽然团队建设逐步引起了越来越多高校图书馆的重视，建设规模日益扩大，但是总体而言，仍处于发展初期。

（二）我国高校图书馆学科服务团队建设策略

1.确立团队协作的共同目标

团队不仅仅是人的集合，更是能量的结合与爆发，团队的核心在于协同合作，强调团队合力，注重整体优势。要真正实现团队协同合作，发挥团队整体合力，确立共同目标是基础和前提。因为共同目标是整个团队所期望实现的成果，对整个团队具有持续的导向与激励作用。确立团队协作的共同目标，是成功构建学科服务团队的思想根基和基本前提。最大限度地满足学科用户的信息需求，是学科服务开展的出发点和最终归宿，基于这一共同目标的驱动，学科服务的相关因素集中到一个环境中形成整体合力，学科服务团队就应运而生。有调查证明，基于对合作目标的介绍，一些高校不管是教师还是馆员对合作成果均产生了积极的期望。需要指出的是，最大限度地满足学科用户的信息需求，是学科服务团队建设要达到的一个总目标，要实现这一总目标，必须制定团队每一个阶段的子目标，使总目标具体化。

2.培育胜任力强的专职学科馆员

专职学科馆员是专门从事学科服务的馆员，时间、精力均有可靠保证，是学科服务团队成员的主体。培育胜任力强的专职学科馆员主要通过精心选拔、持续培养、定期交流三个途径来实现：

（1）精心选拔。选拔合适的成员是团队成功的关键，因为团队的竞争优势来源于各成员的互补性知识和集成能力。图书馆在选拔专职学科馆员时，要明确上岗条件，包括学历水平、工作经验、专业技能、职业道德等，在全馆范围内挑选出具有相关的学科背景、合理的知识结构、较强的团队协作精神的优秀馆员来承担，有条件的可实行资格认证。如果专职学科馆员人数过少，可以通过兼职转变为专职、岗位迁移或人才引进来保障专职学科馆员队伍。

（2）持续培养。要有效提升专职学科馆员的学科服务胜任力，持续培养尤为重要。目前，针对学科馆员能力提升的培训项目和学术研讨会日益增多。例如，CALIS 三期建设项目共举办了 5 期学科馆员培训班；教育部高等学校图书情报工作指导委员会联合 CALIS 等单位启动了"海外学科化服务馆员培训班"项目；电子科技大学图书馆举办了"2014 年度四川省高校图书馆学科服务培训班"；云南农业大学图书馆举办了"云南省高校图书馆学科馆员培训交流会"；南京航空航天大学图书馆举办了"2014 年学科馆员服务学术研讨会"。图书馆要为专职学科馆员的外出培训与交流学习提供条件，确保专职学科馆员可优先获得参加这些省级、全国性、甚至国际性的培训学习的机会。

（3）定期交流。隐性知识是学科服务团队开展学科服务的核心能力，学科服务团队内在隐性知识的共享水平，最终决定学科服务团队对学科用户开展知识服务的水平。而团队隐性知识共享的关键在于畅通沟通渠道，营造沟通环境。因此，学科服务团队内部、团队之间要定期开展交流讨论会，进行学科服务典型案例的集中学习、学科服务工作中难题以及解决方案的共同探讨等。常态的沟通交流有利于分享团队彼此的成功经验，实现团队成员隐性知识的积累和共享，从而提升学科馆员的学科服务技能。

3．拓展非学科馆员的招聘渠道

非学科馆员的招聘渠道越多，其数量就会越多，就会扩大学科服务团队的规模，提升学科服务团队的创新服务能力。招聘非学科馆员，主要可通过三种途径来实现：

（1）广泛招募。通过图书馆主页、纸质海报、校园新闻、微博、BBS 等途径发布招募信息，列出招募要求及流程，面向全校师生广泛招募非学科馆员。这是一种最常用的招聘方式。

（2）主动挖掘。多途径广泛搜集学校各学科带头人、科研团队骨干、重点项目负责人的信息，通过发函、电话、面谈、登门拜访等方式，主动聘请一定数量的教师顾问专家。

（3）临时协作。对于临时性的学科服务项目，如举办某一主题活动，可与一些学校社团协会、数据库商进行临时性的协作，让这些临时协作的对象成为非学科馆员的一部分。高校图书馆在招聘非学科馆员时，要将广泛招募、主动挖掘、临时协作这三种招聘方式有机结合，全面拓展招聘集道，加大非学科馆员的招聘面与招聘力度，增加非学科馆员的数量，优化非学科馆员的综合素质，使非学科馆员成为学科馆员不可或缺的重要帮手。在非学科馆员培训方面做得最好的当属上海交通大学图书馆，该馆构建了泛学科化服务体系，除了构建"学科馆员——咨询馆员"三级学科服务梯队外，还推出"学科专业科研信息专员培养计划"，每年培养 100 多名信息专员。上海交通大学图书馆通过多途径扩充非学科馆员队伍、壮大学科服务团队力量的做法,值得其他高校图书馆借鉴和学习。

4. 采用多元化的激励机制

激励机制是在组织系统中,激励主体运用多种激励手段并使之规范化和相对固定化,而与激励客体相互作用、相互制约的结构、方式、关系及演变规律的总和,它是组织将远大理想转化为具体事实的连接手段。对于学科服务团队中的学科馆员和非学科馆员要设计不同的激励方案,实行差异化激励。由于学科馆员都来自于图书馆内部馆员,对其图书馆可在岗位提升、职称晋升、外地调研、培训等方面予以优先考虑并作为主要的激励方式。

由于非学科馆员几乎都来自于馆外,图书馆与其只是合作关系,对其可采用发放聘书、授予荣誉与享受图书馆 VIP 服务相结合的激励方式。例如,上海交通大学图书馆向信息专员发放聘书,并让信息专员享有全额补贴馆际互借费用、优惠租用图书馆培训教室及会议室、所在科研团队所需外文图书优先采购并优先借阅、优先获取最新学科信息推送及培训资料等图书馆专授的优惠权限。厦门大学图书馆向学生顾问颁发正式聘书,并让其能优先享受图书馆服务。

5. 实行全面的绩效评价

绩效评价是组织依照预先确定的标准和一定的评价程序,运用科学的评价方法,按照评价的内容和标准对评价对象的工作能力、工作业绩进行定期和不定期的考核与评价。科学合理的绩效评价,是学科服务团队健康发展的助推剂,是提高团队成员工作积极性、主动性、创造性的有效机制。

一个完整的学科服务评价包括对服务内容、方式与效果的综合评价,包含馆员自评与互评、馆领导评价以及读者评价等多个层次。学科服务团队构建的总目标是为了更好地满足学科用户多元化、深层次的信息需求。笔者认为,应在每学期期末,对学科服务团队实行由用户主导的、侧重于服务效果的常态考核评价。鉴于不同用户的个人信息素养不同、目标不同、需求存在差异,对用户应该予以适当分类,每类参与评价的人员都应该有适当的比例,对其评价结果进行分类分析评估。此外,要保证考核评价结果的客观性,评价指标的确定是关键环节。学科服务团队绩效评价指标主要包括团队的整体精神面貌及相互协作的水平、团队主动联系用户的人数及频率、团队解答用户学科信息咨询的问题及数量、团队开展学科专题培训的主题及次数、用户对馆藏学科资源建设情况的满意程度、用户对学科资源获取成功率的满意程度、用户信息素养提升的程度、用户教学科研水平提高的程度等。要根据每个评价指标的重要性赋予一个权重，对这些评价指标进行综合考察，才能得出较为客观准确的评价结果。

三、特色服务

高校图书馆特色服务除强调本馆图书馆主页的特色、本馆文献资源建设的特色、读者服务方法的特色外，还应该在以下方面有所加强：

1. 更重视学院特色数据库的建设

建立具有学院特点的教育教学资源平台，汇集能反映本校优质课程，代表本校特色的授课资源供用户学习参考，实现教学内容、教学范例、教学管理的网络化，提高优质教学资源使用率和收益率，体现高校图书馆开放性特点，更好地为教学服务。

2. 面向本馆核心用户的服务

高校学生和教学、科研人员是图书馆核心用户。首先，通过发放调查表、联系部找读者面谈等形式，开展用户调查，把握核心用户需求，建立核心用户档案和课题追踪服务卡片。其次，为核心用户创造良好的阅读环境，配备专用电脑检索机、书架、座椅等设施，配备针对核心用户教学研究及课题开展全程服务的资深馆员。再次，加强资源建设，根据核心服务对象确定文献收藏范围与用点，处理好核心与普通用户资源投资比例，突出馆藏建设特色化和针对性，合理分配馆藏并充分利用与网上资源有关的公共服务体系，还要注重网络资源的组织与链接。

3. 个性化定制服务

主动搜索与用户需求匹配的主题信息，对资源进行识别、筛选、过滤、控制、描述、评价，提供目录信息及源站点地址供用户选择，并按照用户特定要求推送。

四、用户指导与参考咨询

过去的读者指导、培训、参考咨询，以图书馆馆藏资源分布介绍、面对读者管理的常见问题解答、资源查找和使用中的各种问题以及电子资源如CNKJ、方正电子图书等数据库使用培训为主，形式是发放《读者手册》或《数据库检索指南》，举办信息服务项目宣传、书目知识讲座。今后，用户指导和咨询工作的开展是关于知识获取的任何问题，而不仅仅是图书馆的利用。

（1）参考信息源的概念突破了传统"馆藏"，将资源获取范围扩大到覆盖馆藏资源和整个网络资源的所有知识服务。

（2）网络资源、图书馆联合数字资源、在线数据资源，借助电子论坛、电子邮件、博客、网络聊天室、网络寻呼机、桌面视频会议等网络工具，突破时空限制，使用户随时随地直接得到咨询馆员质量高、速度快的专业帮助。

（3）提倡简明而深入的咨询服务。"简明服务"即采用在线常见问答和可定制的"数据库查找器"，提供简便的在线资源导航和获取服务。"深入的服务"即满足教师研究需求，帮助学生完成研究和毕业论文写作的深层咨询服务。如把馆员帮助的建议和指导意见编制整理，按照学科和主题发布在图书馆主页。

五、读者信息素质培养

（一）高校读者群体的信息素质现状

当前的状况是许多大学生缺乏信息意识，或者信息意识淡漠，信息搜集活动总是处于被动状态，信息需求模糊不清，信息活动动机不稳定。据调查，60%的大学生不知道信息的概念、特征及种类，不了解信息源；70%的学生不会检索本专业的文献信息，就更谈不上有效利用信息资源。信息知识是有关信息的本质、特征、信息运动的规律、信息系统的构成原则、信息技术信息方法等方面的基本知识，是对于信息从生产分布、组织加工、传播流通、检索利用等各个环节的原理、现状、规律的不断总结和提炼。多数大学生对这些知识知之甚少，即使很多高校开设了这门课程，他们也认为不是专业课不予重视，不主动学习，敷衍了事，所以提高读者对信息知识的热情，也是高校图书馆信息素质教育的一个重要方面。

（二）高校读者群体的信息素质培养

读者信息素质教育包括图书馆对读者信息意识和信息利用能力的培养，形式是文献检索课教育、对读者信息素质的考察等。

（1）由基础理论探讨转移到信息素质教育实践。实现信息素质教育课程资源整合，将信息教育融入学校课程体系，与其他学科教师的教学合作，倡导多层次全方位的信息素质教育合作模式。

（2）开展在线信息素质教育。通过教学让读者具备顺利获取文献信息的技能，除增加上机，多利用数据库实习演练，还把文献检索课的课件、视频、重点问题解答加入学院教学平台，课程培训内容在线播放。

（3）读者"自助服务"意识的培养。自助服务是图书馆发展的必然趋势，在Library2.0时代，重视用户参与，更注重与用户的互动。"自助服务"是读者满足自我、方便自我的创新服务，充分发挥读者主动性、积极性和创造性，体现读者活动的自主性和主体权利，也减轻了馆员工作量。服务内容有网上检索、用户信息查询、自助还书、自助网上互借、网上预约、网上讲座、网上推荐图书、网上支付罚金等。

六、读者服务体验与评价

读者满意度是进行读者评价最重要的指标。它主要包括对参考信息源、参考馆员、问题的解答过程及结果、参考咨询环境的评价。一直以来，我们利用走访、读者座谈、问卷、网上互动等形式探求读者满意度，但读者在使用中，能亲身体验文献是否丰富、环境是否优雅、使用是否便捷、馆员是否主动热情和服务项目的多少，却不能从图书馆专业角度对馆内文献流通率、资源利用率、咨询与参考情况、学术研究水平、服务管理水平等做出整体的、正确的、科学的分析判断，而只能由馆员以科学的、实事求是的态度完成。一方面，用户在馆员服务过程中感知满意的水平决定着满意度；另一方面，服务评价的过程、指标设计、评价的方式方法是否科学也决定满意度，除此之外，服务人员的服务能力、自身评价能力和综合素质也决定满意度。读者评价的策略就是要遵循对服务进行评价的原则，科学性与可行性相结合；定性与定量相结合；终结评价与过程评价相结合；服务评价与服务督导相结合，只有这样，才能通过读者评价促进信息服务提高。

第三节 服务环境

在大数据的背景下，传统图书馆的信息服务设施已经相对落后了，也无法满足大数据的数据处理。随着大数据时代的来临，各种不同类型的数据正在向图书馆的服务设施和工具发起挑战。一般的文献资源用数据库就能完成操作，但是面对结构化、半结构化和非结构化数据的时候，数据库就无法完成操作了，图书馆只能引进新的操作技术才能完成大数据的处理。目前，大数据的处理工具有 Map Reduce，它是当前最流行和普遍研究的大量数据处理方法；Hadoop 技术，它凭借开源性和易用性成为大数据环境下数据处理的首选技术；NO SQL 数据库进行存储，NO SQL 是 Not Only SQL 的简称，它没有固定数据模式并且可以水平扩展，是灵活性好的非关系型数据库。有了这些技术才能更好地处理大数据。同时，图书馆工作人员同样需要提高自己的操作水平，只有不断地学习才能更好地掌握大数据技术，适应大数据时代的生活。了解他们的需求方向，更好地满足人们的需求，更有效率地服务于大众。

一、高校图书馆信息服务的总体对策

（一）贯穿以人为本的服务理念

印度学者阮冈纳赞曾指出："书是供所有人使用的""为每本书寻找它的读者"。从中透露出来的信息，就是图书馆的价值体现在读者对它的利用之中，而非对图书的保存当中。我国长期以来在图书馆服务中体现出来的"书本位"大于"读者本位"的思想，至今，还影响着我国图书馆的生存和发展。图书馆必须从根本上转变观念，正确处理好"藏"与"用"的辩证关系，藏的目的在于利用，树立以用促藏，书为人所用，藏为人所需，以用为主的新的管理服务理念。图书馆服务已经从传统的以藏为主、以书为本的被动文献服务转变为现代的以用为主、以人为本的主动知识服务，充分考虑到特定人、特定主题的文献信息需求和人的全面发展，充分尊重人的意愿和人的潜能发掘。

（二）信息资源立足读者需求

资源是图书馆满足读者需求的根本。从以人为本的观念出发，图书馆在资源建设方面，首先要根据自身定位和服务对象来确定馆藏范围和馆藏级别，就高校图书馆而言，应根据其学科范围来确定自己的馆藏范围，不能为特色而特色，其馆藏级别也应是大学级或研究级；其次，在印刷型资源与数字资源的配置上，也要考虑适当均衡；再次，应加强网络资源的组织和管理。

可以说，服务是贯穿图书馆发展的主线，是图书馆最基本的功能。图书馆要实现其自身价值，必须牢固地树立起服务是灵魂、服务是核心、服务是基础、服务是一切工作的出发点的价值观和理念。

（三）拓展服务范围，提高服务便利

在制定图书的规章制度时，更多地从读者角度考虑，简化借阅手续，也是以人为本理念服务的体现。比如，根据读者的需要延长开馆时间，节假日照常开馆，有的图书馆甚至实现了全年365天开馆，图书馆的电子资源实现24小时提供存取。

（四）提高认识，更新观念，树立大图书馆的大资源观

当今，衡量各图书馆馆藏文献数量高低的标准已不再是传统意义上的馆藏数量的多少，而是看它能为用户提供信息服务的能力。因此，必须彻底改变因循守旧的传统观念，充分认识组织资源共建共享是为适应当代社会发展、最大限度地利用文献信息资源。在网络环境下，现代信息技术的应用直接影响着高校图书馆馆藏规模的大小和

文献信息保障能力的高低。因此，高校图书馆的文献资源建设应充分考虑网络化信息资源的环境，在资源建设上，要克服"小而全、大而全"的思想，重点强化图书馆人员尤其是决策者的全局观念，冲破保守封闭，各自为政等思想的束缚，自觉地把本部门、本系统的信息资源建设置于高校系统信息资源体系的统一规划之中，变分散为整体，变自足为共享。各馆要明确各自的馆藏重点，馆藏特色，加强采访的针对性、实用性按照"协调采购，规范加工、联合上网、资源共享"的原则，尽快实现系统内外网络化的协作，充分采用现有馆藏资源和网上文献信息资源开展更大范围的资源共享的信息。

二、建立高校图书馆信息服务平台

当前用户需求特点，对信息资源建设的深度、广度和精确度提出了更高层次的要求，既要适应多层次用户的需求，又要适应个性化和专业化发展的需求。这就需要创建优质的综合服务平台来满足用户这些复杂、多向的需求。

（一）综合平台构建

1. 利用网络建立各类专家服务平台

高校及科研单位是人才较为集中的地方，在这里有各行各业的专家。

以图书馆为结点，以网络为途径，聘请高校、研究部门及社会知名专家学者担任信息咨询专家，为读者提供高质量，具有很强实效性的服务终端。

此外，也应建立图书馆的服务团队。图书馆馆员面对的是各个学科专业的用户，所传递的信息将覆盖各个学科领域，因而，要求馆员必须具备比较广博的知识面，熟悉各种信息源，有能力从无限和无序的信息中做出正确的选择。由于每个馆员不可能精通所有的学科，所以只有通过建立各有所长的协作团体才能解决这一问题。具体做法是：根据工作需要，针对各自不同的知识、技能、动机和态度，将各类人员有机组合起来，为对口的学科提供信息开发和检索、在线咨询、信息教育与培训等服务。通过这样的途径，实现博学与专业的优化组合，使个人的能力在团队的支撑下充分得以发挥。

2. 加强信息资源整合，建立学科导航站

这一工作的重点是采集相关专业文献数据库、电子期刊、专利、标准、学术会议、学位论文等动态学科信息，并根据不同学科的特点，有针对性地选择有专业特色、有利用价值的内容进行收集和整理；对因特网上的学科资源进行详细的调查，利用搜索引擎、学科主题指南等对网上的信息进行采集、筛选、分析与评价，以此为基础建立学科导航系统。就我校图书馆现有的条件，应从学校的学科设置特点、重点科研方向和事业发展规划入手，建立专业特色的文献信息数据库、科技数据库、专家数据库、重点学科数据库等。进一步形成有特色的学科导航站，首先要加强网络资源的搜集和整合，加强对各类型信息的搜集、整理和保存。其次，根据特定用户的需求，通过多种途径、运用多种技术方法，在网上开展重点学科建设和科研课题的查新、数据检索、信息分析、课题论证等工作。

3. 建立主要专业科技服务网络信息交流平台

将学科动态、科研成果、新产品等信息展现给网络用户。加强主要专业科技信息资源的收集、加工和传播，面向新技术与新产品的研究开发，建立新型多元化的科技转化，推广应用的服务体系，在提供信息、技术、培训、实现购销一体化方面提供综合服务，从而形成技术开发与应用的良性互动循环的理想模式。如在图书馆开设植保、农牧业机械化、农业生态保护、畜牧兽医等栏目，介绍政策信息、市场信息、动植物新品种、供求信息、合作项目等内容，传递相关的科技信息，促进科技成果的转化，形成专业信息服务平台。

4. 以人为本，提供个性化服务平台

个性化信息服务主要内容包括：为学科带头人和重点科研项目建立档案、建立个人资料库；根据专家需求及学术资源的特征进行设计，主动为专家选择最需要的资源；跟踪专家需求的变化，高时效性地为专家提供最快捷、最方便、最易用的信息服务；根据科研以及应用生产需要的实际情况，专项项目等，开展定题跟踪服务；根据各服务项目发展进程和不同阶段，提供对书的信息检索、分析等一条龙服务；为广大农牧业管理和生产者提供特定专题的国内外农牧业发展动态、农产品开发、市场分析、技术改造、投资环境信息等。网络环境下，个性化服务只有在资源整合、系统开放和信息集成的前提下才能高效实施。在提供个性化服务的同时，各图书馆的核心服务能力也可以得到提高，从而使各馆间的优势形成互补，为资源的动态优化组合提供了条件。

另外，图书馆应该有效地利用现有资源，组织实施用户信息素质教育。注重提高用户现代信息意识和信息分析能力，以及信息检索和获取有用信息的能力，尤其是重视用户对现代即时性动态信息、情报获取的科学方法的培养，加强用户培训工作的主动性、针对性、适用性和实践性，在不断提高用户对信息的认知和使用水平的基础上，提高用户检索过程的准确率，为用户的自助服务打下良好的基础。

总之，综合服务平台的建设，在大学图书馆面对新形势下的用户群体出现的新需求，而进行的自我业务提升，对于有效地提高高校图书馆的服务功能具有举足轻重的意义，应当在这方面抓住机遇，实现突破。

（二）重点学科服务平台的设置

1. 服务平台构建模式

通过校园网络访问，利用图书馆服务器，挂在图书馆主页，加强交互式功能和信息链接功能。用户获得信息的主要方式：通过图书馆主页中"学科馆员"栏目进入，点击相关学科，逐层浏览所需专题和栏目。

2. 数据采集、分析和信息输入

根据学科发展需求，采用数据挖掘技术，从大量的、不完全的、模糊的、随机的数据中，提取隐含在其中、人们事先不了解、但又是潜在有用的信息和有价值有关联的知识。这些数据挖掘后通过信息处理，输入数据库的相应栏目，便于科研人员查询。具体步骤为：需求分析与知识采集。通过对用户需求的全面分析，找出用户需求的核心内容，进行用户需求表达的规范化处理，并按需设计服务栏目；有针对性地进行信息与知识的采集、知识过滤与挖掘。学科馆员对挖掘的信息进行前期处理，对无用信息进行过滤处理，使内容高度关联的学科专业知识形成一个整体的"知识网络"。知识提供研究领域中高影响力学者的信息、文献中实验相关的事实性数据、该领域的核心期刊、热点课题、跟踪研究领域的最新进展等等，并按信息处理原则归类，输入数据库。

3. 建设目标

重点学科服务平台的建设目标是为特定的用户群提供高质量的信息服务、提供重点学科带头人和科研人员所共同关心的信息。按照特色化原则、标准化原则、服务于教学科研原则、协作化原则和安全性原则，构建学科建设信息服务支撑平台，使学科资源、用户需求、学科馆员、知识服务做到无缝连接，形成良性循环的学科知识服务动态的交互系统。

4. 解决的关键问题

（1）定义可测量的学科信息导航目标。针对专业研究型用户的需要，建立和链接可靠的国内外本学科的专业信息资源的规范导航系统，将各种海量信息资源中所收集的数据，进行筛选、整理、分类和分析，按信息处理标准归类，进行储存和提取。

（2）定义学科信息服务的规模和范围。实行学科信息纵向整合，提高分布资源的集成界面。并通过平台，科研人员可以提出需求和建议，学科馆员有针对性地提供科研信息服务，包括文献检索、全文提供、参考咨询服务、个性化集成定制等。

（3）通过平台，各级领导和学科馆员可以了解学科发展情况，并通过竞争对手的信息分析，了解我校学科建设在国内的地位。

三、高校图书馆信息服务的具体措施

（一）基于用户需求，完善用户服务

1. 学习国外成功的经验以提高用户服务效率

用户分为两类，即校内读者用户和校外读者用户。校内读者用户中，教职员工凭借身份证，学生凭借学生证，特聘人员、科研人员以及其他特殊学生凭借附属图书馆利用证，便可阅览借书，以上人员只需出示身份证或学生证便可办理证件；校外读者用户需凭借身份证填写申请单，办理临时阅览证；对于搞研究调查的，可申请办理校外人员借书证。按照读者需求的多样化，借阅证也呈现多样化：当日阅览证、临时阅览证、全年阅览证、参考借阅证、普通借阅证、期刊阅览证及集体阅览证等，保证不同用户、不同层次的读者，都可以平等地利用图书馆。

2. 根据读者需求拓展新的服务功能和建立齐全的读者服务设施

根据读者需求提供网上预约，除了对已借出的图书进行预约外，还可以对新出版的图书和其他借出的图书预约。如在本馆检索终端上未找到的书或已经借出的书，可以在网上所需图书预约单上填上书名、作者、出版社和出版日期，留下自己的联系方式。图书馆则根据还书或购书日期通知预约读者用户来馆办理相关手续。对于用户需要的很多珍贵的报刊资料及不易借阅的图书资料，图书馆购置后可制作成光盘，随时满足读者需要。图书馆还可从以人为本的管理理念出发，配置齐全的休闲娱乐服务设施。

3. 加强期刊和阅览室的管理

期刊和阅览室管理是读者服务的重头戏，图书馆除外借区实行全开架、大流通格局外，其他中外图书保存阅览室均采取单独开放原则。书籍按照中图法排架，读者用户凭证可以进入阅览室自由取阅图书，图书馆定期剔除旧馆藏，以退出架位，保证新书上架，提高图书流通率。为减少开架中的错架、乱架、丢失、污损失窃等现象，管理人员除对读者加强宣传教育外，也可以采取停借等惩罚措施以加强管理。

4. 做好参考咨询及建立联系读者平台

设立信息开发中心，专门从事参考咨询服务。一是总咨询台，网上咨询FAQ，主要是向到馆读者提供指向性咨询服务和导读服务，回答如何获得文献等指向性问题，解答读者常见问题。二是阅览室参考咨询，主要是解答与本室收藏文献有关的简单专

题检索问题,以及开展指定参考文献服务。设立指定参考阅览室,存放与教学科研人员所授课程相关的参考文献,如参考书、手稿、论文和试题等,供学生学习参考。读者对象明确、资料集中、供需吻合、效果好。三是高级咨询,在工具书阅览室和重点读者服务处设立高级咨询岗位,当一般阅览室参考咨询人员无法解答,或者读者用户不满意时,可以向高级咨询人员寻求帮助,并可以利用网络资源及电子文献资源,以数字化资源和现代化技术为手段,开展系统性和专题性参考咨询,形成特色资源和良好服务相结合的电子咨询体系。为加强读者与图书馆的联系,及时掌握和了解读者的需求动态,图书馆设置电脑意见箱,架起读者与图书馆之间信息交流的桥梁,使读者随时将需求意见与信息反馈给图书馆,使图书馆在服务中掌握主动权。

5.提供"以人为本"的个性化服务

个性化服务是建立在人本管理理念之上的服务形式。以人为本管理是一种难度大,但内涵丰富的高级管理,其效果往往是深远、持久和显著的。通过人本思想的柔性手段调动人的热情与积极性。从设置客观目标标准和程序,促进激励的规范化、系统化、制度化,使激励的行为有方向、检查有根据、评比有规则。鼓励馆员自我进修、参加各类学术会议、开展创新性研究、增强图书馆员的职业自豪感,使馆员具备较强的亲和力和责任心。

读者是图书馆赖以生存的基础,要注重读者差异性、层次性,突出读者的主体性和能动性,尊重读者、信任读者、帮助读者、维护读者隐私权、给读者更大的自由发展空间;并要通过读者文献需求调查,聘请有代表性的读者参与图书馆采购,保证图书的针对性、实用性、时效性、特色性;设立读者教育室和读者辅导专业馆员,定期对读者和新生进行培训,帮助读者了解图书馆的规章制度以及如何利用图书馆。

图书馆在本馆主页设计上,不仅要条理清楚、结构合理、主次分明,还要增强主页的互动性、增强在线答疑的咨询项目,充分体现对读者的关爱,对特殊读者提供及时到位的服务,使图书馆主页真正成为信息时代人性化服务的一个窗口,使读者真正享受到信息时代方便、快捷、轻松的人性化服务。

(二)开发馆藏特色数据库,丰富网络信息资源

馆藏特色化和专门化是网络时代高校图书馆的战略选择。根据信息服务的有效开展和用户信息的需求,高校图书馆应在大力开发、挖掘网络信息资源的同时,利用高校特有的信息资源,建立特色信息资源数据库。如将学位论文、校友或名人赠书文库、重点学科的教研成果信息、教改相关的各项资源、本馆的特色馆藏、教师的优秀课件、

重点专业的特色教材、精品课程信息等有计划地按学科类别汇编成大型数据库，组织、参与网络信息资源共享，从而丰富网络信息资源，为用户提供各种特色信息资源服务。

（三）搭建网络化合作信息咨询平台

目前，数字参考咨询（虚拟参考咨询、网络参考咨询、电子参考咨询）根据所采用的技术手段，可分为基于电子邮件的参考咨询服务、基于实时交互的参考咨询服务和基于网络化合作的参考咨询服务等模式。电子邮件和实时参考咨询信息服务在数字参考咨询中发挥着重要的作用，但信息服务中，会经常遇到超过自身知识和可利用资源能力的复杂问题。而合作参考咨询可以充分利用各参加馆的人力，合理地分配人员，有利于形成不同学科、不同专业领域互补的局面。这种咨询服务能将用户的问题提交给最适合问答这个问题的图书馆和参考馆员，既圆满地解决了用户的要求，也充分发挥了图书馆和参考馆员的优势，同时，更有利于带动成员馆服务水平的共同提高。由于各成员馆遵循同样的服务协议和服务质量要求，就会形成整体效应，树立咨询服务的良好形象。

因此，我们应借鉴国外网络化合作的数字参考咨询服务的经验，搭建我国高校图书馆基于网络化合作的数字参考咨询平台，使更多的高校图书馆联合起来，形成一个分布式的虚拟数字参考咨询服务网络，面向更大范围的网络用户提供不受时空限制的、透明的、无缝的数字参考咨询服务。

（四）做好用户信息教育，提高读者自助信息服务能力

1. 新生的入馆教育应增加介绍网络全文数据库、电子资源的内容及主要检索方法

新生入馆教育除要介绍如何利用图书馆外，还应适当增加网络全文数据库、电子资源内容的介绍及主要的检索方法。使新生对网络信息有初步的认识，使其在利用图书馆的同时，学会利用网络信息资源，开拓自己的知识视野。

2. 为读者开设网络操作基础技能的讲座，提高读者网络信息检索的能力实现网络信息自我服务，应具备一定的网络操作技能，所以，图书馆应针对读者的需要，定期为读者介绍讲解WWW简介、电子邮件（E-mail）和电子文献传递（FTP）等网络浏览基础操作技能，从而提高读者计算机应用技能及网络信息的获取技能。

3. 文献信息检索课的内容应以网络信息、电子信息的使用为重点

网络环境的开放和信息资源数字化方向的发展赋予了高校文献信息检索课以新的内容。网络时代的文献信息检索课的教学内容应以讲授电子图书馆、数字图书馆、网络信息的检索与利用为重点。现在高校网络环境、网络信息资源丰富及共享环境的形成，为文献信息检索课的网络教学提供了广阔的空间。为使学生熟练掌握电子图书馆、

数字图书馆、网络信息的检索与利用，在教学中应用最先进的检索技术和手段开展教学，帮助学生掌握网络信息检索的技能。教学中要注重理论与实践相结合，尤其数字化资源及电子信息的检索要讲解与上机相结合，加大上机实习的力度，使大学生真正掌握通过网络获取信息的技能。

4. 针对不同读者群，做好数字资源、网络资源的用户培训

数字资源具有信息含量大、检索点多、检索方便、准确、快捷等纸型文献无法比拟的优点，已成为当代读者获取信息的重要途径，所以做好读者数字资源使用的培训工作非常重要。数字资源的用户培训可针对高校的读者群分期进行，读者群可分为教职员工、学生。在为教职员工进行数字资源培训时，为使他们及时获知培训信息，应提前拟定培训通知，通知内容包括培训的内容及其简要介绍、主讲人、培训方式、培训时间及地点、咨询联系人等。通知须提前几天通过张贴海报，向各系、部发放，同时，连入学校的办公网、图书馆主页等多种途径使教职员工获知图书馆数字资源培训的信息。由于高校教师实行不坐班制，所以，培训时间最好征求各系、部的意见，安排在全校统一集中的时间。要及时地、循序渐进地为教师们进行现有数字资源及不断引进的数字资源的培训工作。由于高校的全文网络数据库都是对校园网开放的，不是校园网用户无权访问。不坐班的教师们在家中的非校园网网络无权访问网络全文数据库的，而恰恰在家这段时间，他们又非常需要利用网络全文数据库信息进行教学和科研活动。所以，在对老师们进行培训时，要注意讲授如何在非校园网机器中，浏览下载的网络全文数据库的信息。

进入大四的大学生，需要做毕业设计、撰写毕业论文，此时，掌握文献检索技能及应用文献信息的能力，对于他们是非常迫切也是非常重要的。所以，高校图书馆要组织、安排好毕业生的数字资源的培训工作。最好从大学生临近毕业的最后一学年开始，根据毕业生的需要组织安排多场培训。培训内容主要以信息含量大、权威性的大型中外文数据库为主。培训通知采取张贴海报、链接图书馆主页等形式进行宣传，由于培训地点的机位有限，为确保毕业生培训的有效进行，培训通知发布后，实行必要的提前预约。通过预约一是确定本场培训的毕业生名单，二是掌握需要接受培训的毕业生人数，以便安排好以后几场的培训。在为教师、毕业生进行数字资源培训的同时，还要经常定期地为其他大学生进行常用数据库的讲座。

数字资源的检索重在实践。所以，数字资源培训最好在电子阅览室进行，培训方式以讲解与上机辅导相结合为宜。为保证培训的质量，培训时要上有主讲的老师，下有图书馆业务骨干进行上机辅导。数字资源培训是图书馆长期而艰巨的任务，所以，一定要做好每场培训的读者签到及读者统计工作，注意收集接受培训读者的反馈意见，

建立并完善读者数字资源培训的档案，以便经常总结经验，及时调整培训内容及培训方式，不断完善数字资源的培训模式。

5. 利用现代化、网络化环境，实现用户培训的远程教学

随着网络和计算机技术的飞速发展，大学图书馆用户教育的培训手段和培训形式呈现出了新特点。从用户需求角度而言，用户需要随时随地、自主地获得培训，而不希望受到时间、地点、人力等种种条件的限制，这些均使网上培训成为当前图书馆用户教育的热点和发展趋势。大学图书馆应该充分利用网络和资源的优势，努力依靠自己的资源和技术力量制作课件、编写教程，开展网上用户教育，以满足各类读者的不同需求。

6. 培养一支训练有素的信息培训师资队伍

图书馆进行用户信息素质教育，需要一支技术过硬的师资力量做保证。图书馆要创造条件为信息师资队伍提供各种继续教育的机会，同时更要提倡、鼓励以自学为主来提高自身的信息素质，使这支队伍的成员组合既要有丰富的图书馆情报知识，又要精通计算机、外语、网络、文献检索的知识和技能，使他们能胜任对全馆的信息素质教育的工作。师资队伍成员要有明确的分工，有目标地培养。

第四节 服务模式

一、建立交互式共享平台

由于受到一些社交网站的影响，图书馆也慢慢开始建立网络互动平台，通过开设网络互动平台，可以吸引更多的用户，为他们提供畅所欲言的场所。针对图书馆开设的互助吧、论坛、社区栏目等，用户可以通过它来完成图书管理员和用户、用户和用户之间的实时交流。有了这些交流平台，图书馆可以大力培养和提高图书馆信息咨询服务，利用集体的智慧来充实自己，从中获取到更多有价值的信息。同时，图书馆还可以利用这个平台进行资源整合，用户不仅能够享受资源的检索下载，也可以将自己的一些研究上传到论坛，供大家参考，这样就可以拓宽学术领域，为大多数科研人员发挥有效的能动性，可以为图书馆增添更多的信息资源。当然，用户上传的信息各有不同，图书馆应该发挥组织和筛选能力，去粗取精、去伪存真，最终得到可利用的资源。这就是大数据时代图书馆发展的一个方向。

二、信息资源组织的转变

所谓信息组织是指信息工作人员采用信息技术对数据进行采集、加工、存储和分析应用，形成一个可利用的系统的过程。由于大数据的数据结构复杂，种类繁多，其中包括结构化数据、半结构化数据和非结构化数据，对这些数据进行处理存在一定的难度，传统的数据处理方式无法满足大数据时代的要求，只能采取更加个性化的方式来处理这些数据。

（一）基于用户需求的信息资源建设与服务模式

用户需求是图书馆立足的重要支撑，直接制约着图书馆的生存与发展能力，决定着图书馆的存在价值，其需求度与图书馆的服务态度、质量、速度、价格密切相关。图书馆的用户服务能力与用户需求的匹配程度，是衡量图书馆发展水平的依据。为此，高校图书馆的信息服务应始终密切关注用户的需求变化，随时了解信息用户的需求特征，以用户需求规律为指导，准确、动态地分析和把握不同时期用户的信息需求，并以此为出发点，寻求资源建设的合理结构和服务实践的最佳模式，为教学和科研构筑科学、良性的信息服务平台。

1. 关注用户的信息触角、需求变化使资源建设更加科学合理深入组织、挖掘与建设文献信息资源是高校图书馆信息服务的核心

随着图书馆的网络化和数字化发展，各高校图书馆的馆藏资源更多地涉足数字化的网络资源和各种载体文献资源的深度开发，并且所占的馆藏比例逐年增加。基于数字化资源更新速度之快，高校图书馆除了继续强化印刷型文献资源建设之外，还应密切关注读者的信息触角、信息倾向、阅读数量、需求层次、满足程度以及利用方式等需求变化，指导馆藏的数字资源建设，使其更加适应读者的需求，支持当前本科生和研究生课程的教学与研究需要，支持学校科研机构当前研究方向和可预见的未来研究方向，使资源建设既保证重点学科专业的深度、层次，又兼顾一般专业的覆盖范围，同时，与馆藏印刷型文献构成互补，构筑一个数量多、品种全、学科广、具有一定规模的科学的馆藏体系。

2. 强化高校图书馆主页功能建设深度，开发各种载体文献资源

高校图书馆主页是学校的信息中心，也是高校图书馆用户获取资源服务与学习的平台。高校图书馆主页不仅要体现馆藏资源层次清晰、内容全面，更要体现对各种载体资源的深度开发与组织、引导及对接。换句话说，高校图书馆主页应该全面地涵盖

与读者需求相关的知识领域,并且要具有一定的深度,保持常新状态,在满足读者日常信息查询与常规目录检索的同时,强化功能建设,拓宽主页的功能模块,提供智能化资源平台和智能化服务手段。如整合业务流程中的联机目录、数字化资源和文献传递等工作环节,建立智能的跨平台和跨库检索,实现用户在同一界面对多个异构数据库进行的一站式文献检索;序化网络信息资源,汇集同一主题的网络信息资源,集中同一责任者不同的网络信息资源,连接不同载体的同一文献信息资源,把无序的网络空间高度整合为有序的资源馆藏。通过对信息时空超过读者分析和处理能力的混杂、淤积、拥挤、无序和过剩的问题信息的信息过滤、重组、优化、增值的整理和加工,建立高效能的与信息时空同步的知识时空,站在用户动态需求的角度构造知识全息图景,使读者从宏观上把握复杂的知识板块、知识脉络和知识的新陈代谢,有效解决信息无限增长与读者接受、处理信息能力有限的尖锐矛盾;开拓深层次的文献传递,通过文献传递工作站,建立资源图书馆与用户之间的连接纽带,使用户获得的信息不再局限于本馆馆藏。

3.建立满足用户需求的全方位信息资源保障模式

随着文献数量的海量增长和网络环境信息的无边与无序,任何一个图书馆都无力做到信息资源的自给自足,必须依靠整个社会信息服务系统,成为整体系统的一部分。高校图书馆应制定科学的信息政策和信息资源发展规划,加强各资源馆之间的强强联合,彼此互通,加强与信息服务机构的分工协作,进行信息资源的协调采购、共建共享、联合保障。

具体建立途径为:建立各具特色的馆藏体系,实行分工收藏,从而建立分布合理、保障有效的文献信息资源体系。开展联合编目,共建联合目录数据库,共享书目数据资源,优化人力资源。合作进行馆藏文献数字化,集中技术优势,为建设全国性高校图书馆网络,形成全国高校图书馆发展互动的良性循环奠定基础。充分利用网络平台开展服务,各资源图书馆及时发布本馆信息,相互提供网上预约外借、文献传递以及参考咨询等服务。

总之,基于网络环境下文献信息资源领域所发生的各种变化,高校图书馆信息资源建设与服务模式,应紧跟高校图书馆用户的信息需求,只有这样,才能推动资源建设理论和服务实践健康、持续发展。

（二）个性化信息服务模式

1. 一般性的信息推送服务

一般性的信息推送服务，就是从图书馆信息资源库里提炼出一些满足特定用户需求的信息，采用 Push 推送技术，定期或经常性地将相关信息推送给用户的信息服务方式。一般性的信息推送服务工作。一般性信息推送服务的实际应用，体现在以下两个方面：

（1）信息资源的特定小群体推送。所谓特定小群体是指具有一定特殊性的、相对稳定的群体，如重点学科教师。

（2）面向大众的信息推送。图书馆经常有各种信息需要向读者发布，如各种文件、通知等，通过 E-mail 可以同时对所有用户发送指定信息，实现面向大众的信息发布。在用户访问图书馆网站时，会弹出"通知"窗口，提醒用户关注。图书馆还可以借此开展各种相关调查工作，如"文献检索课质量调查""读者信息需求调查"等。信息推送服务体现了图书馆主动服务的精神，为用户节省了时间和精力。但是，有时由于对用户缺乏深入细致的调查，不完全掌握其信息需求的变化，会导致推送的信息"个性化"不明显，对部分用户可能还会出现信息过剩的现象。

2. 开展网络导航资源库的建设

社会信息化进程的加快使得网络信息的数量呈指数级数增加，用户对信息资源已经从距离障碍转变为选择障碍。尽管目前出现了各种网络搜索引擎，但由于其智能化水平不高，用户更需要专业导航来精准检索范围。建立专题化信息导航系统，主要是通过咨询馆员对网上各种学科专题的数据库和电子资源等进行筛选、过滤、控制，组织成具有专题化特色的网络信息地址资源库，供专业用户选择。

3. 提供教学资料的在线或数据库支持

教师是高校图书馆服务的主要对象之一，图书馆可以在网站上设置相关的栏目，进行网上课件、教学资料、课程录音的相关链接，提供核心课程的网上教材版本，使教师和学生可以从网上获取所需的信息作为参考。在这方面，美国罗彻斯特大学图书馆的 Course Resources 做得较早也较成功 Course Resources 系统，主要针对学校本科生所开课程提供动态的管理页面，满足了大部分学生的信息需求。如该系统的个性化链接，不按传统的学科分类链接，而是以教授的课程提纲作为链接点，方便学生与教师进行交流；个性化网页，在每门课程的网页上提供课程代码、开课学期、系科名称、教授姓名、E-mail 地址以及教授的课程主页；河海大学图书馆带头研发的"本科教学资源管理系统",为教师和学生提供了一个交流平台,这些都值得借鉴。可以围绕教学的需要,主动征集教学资料,不断充实和更新栏目内容,为教师教学和学生在线学习提供方便。或者以特色数据库形式,将课件、课程录音等进行组织、加工,并不断完善,为教学和学习提供支持。

4. 开展网上专业化定题服务

网上专业化定题服务是传统 SDI(定题服务)在网络环境下的进一步深化和体现,即面向特定用户的重点科研课题的特征化需求,通过用户信息描述和问题环境分析,有针对性地向用户提供经过挖掘、分析、重组的信息的一种服务。开展定题服务的前提,是做好重点用户的跟踪服务,重点用户即在教学和科研中起带头作用的教师和教授,在建立重点用户档案的基础上,发现并跟踪他们的研究方向、兴趣等,分析、提炼出他们信息需求的特点,主动提供信息服务。如开展课题跟踪服务,根据课题立项、开展、结题等不同阶段的研究重点,咨询馆员应有针对性地提供可行性研究报告、专题文献索引、原始文献提供等服务。专业化网上定题服务注重与用户的知识交流和沟通,主要是通过信息推送技术和在线服务等手段,来实现与用户的信息互动,能够有效地推动学科建设的发展。

5. 建立虚拟培训课堂

建立虚拟培训课堂是中小型高校图书馆开展个性化信息服务的一个灵活、有效的途径。具体做法就是在网上开辟信息检索培训课堂,为用户提供诸如"系统使用和操作""数据库资源检索"等常见和实用问题的网上信息培训服务,让用户在任何一个计算机终端都能得到所需要的帮助,通过自学得到在线教育。目前许多大学图书馆网站上都设立了相关栏目。建立虚拟课堂的关键是编写好网络教材,教材宜简洁、通俗、易用、循序渐进。网上虚拟课堂不仅可以普及信息检索知识,还可以普及信息检索技术与技巧,同时也是图书馆自身良好的宣传手段。

6. 发现和利用开放存取资源

开放存取(Open Access,简称 OA)近年来的发展形式很快,对于用户来说,OA 就是一种免费的学术资源。高校图书馆有责任将大量、分散的 OA 资源进行整理和揭示,补充本馆数字馆藏,提高电子资源的利用率。具体做法之一是建立 OA 资源地址导航,收集 OA 地址,建立超链接,在本馆网站上开辟专门窗口,为用户进行推荐、提供指引,使师生和科研人员在访问图书馆网站时就可以方便地使用 OA 资源。如首都师范大学图书馆的"资源与检索"栏目里,有"免费资源"项目,列举了 41 个免费学术网站；华东师范大学图书馆网站"电子资源"栏目的网络数据库表单里按类列举了一些免费资源；还可以将OA资源与本馆数字资源进行整合，根据本院（校）所设的重点学科，确定收集范围，然后，对收集到的OA资源进行分析，下载选中篇目，再投入时间和精力进行分类、加工，转换数据存储格式，实现与本馆数据库的互操作，最后，将其编制、存储在本馆书目索引或本馆特色数据库中。通过为用户提供有学术价值的、经过整理的信息资源，来提高知识服务的水平和质量，满足用户的不同需求。

7. 开展个性化信息服务应注意的问题

（1）选好切入点

各高校图书馆信息资源、技术和人员条件不同，要注意从本馆实际出发，选好切入点，因"校"制宜，量力而行，脚踏实地的开展一些适合本校信息用户的服务方式。各大学图书馆应视自身的各项条件，选定特定用户、主题或者任务，在开展的个性化信息服务中尽量减少系统使用中的复杂性和用户的花费，提高信息检索大众化的程度；同时也要量力而行，使图书馆有限的信息资源和人员优势发挥最大的功效。比如，建设特色数据库，中小型高校图书馆可以从小规模的特色数据库开始，逐步扩展；建设学科导航数据库，可以先确定内核，然后用"滚雪球"的方式逐步加以完善。

（2）做好用户信息需求分析，建立用户信息库

由于专业方向、个人信息能力等因素的影响，用户的信息需求存在一定的差异性，这种需求的差异直接导致了服务手段的个性化。开展个性化服务的前提是调研用户个性化的信息需求，尤其是重点用户如学科带头人、课题申报人员等的信息需求，并将调查结果进行整理、分析、分类，建立档案，准确地把握信息用户的个性特征和需求特征，为推行适当的个性化信息服务提供依据，并据此及时调整服务的方向和内容。用户信息收集和建库是开展个性化信息服务的前提，用户信息是否全面、准确，直接关系到用户需求信息挖掘的准确性和全面性，并最终影响服务质量和服务效果。

（3）加强技术学习和研究应用，提高馆员综合素质

中小型高校图书馆的实情是相对落后于大的院校的，所以要想做好个性化信息服务工作，必须加强技术的学习和研究工作，这样才不至于使服务工作停留在表面。必须组建支持个性化服务的知识团队，这个团队的主要成员是图书馆员，还包括校内各院的专家等。图书馆馆员除应具备图书馆学的基础理论、较高的外语水平外，还必须具有良好的信息意识和获取信息的能力，要有信息创新能力，能对文献信息进行再开发和深加工，还要有很强的科研能力，能深入进行理论探讨。为达到此目标，唯有加强学习和钻研，同时，还可以借鉴其他国内外大学图书馆的先进经验和已经取得的成

果，结合本院（校）实际情况，展个性化信息服务。

（4）加大宣传力度，推广个性化信息服务

在开展个性化信息服务的同时，还应多加以宣传，提高信息检索的大众化程度。不进行宣传，很多教师和学生就可能不知道图书馆具体开展哪些新服务，个性化信息服务的主动精神无法得到体现，这项服务开展的意义也将受到影响。

个性化服务提高了高校图书馆服务质量和信息资源的利用效益。当今教育，是一个洋溢着生命活力的过程。在这个过程中，教育者要努力培养学生终身学习的方法、能力、习惯和信念，使他们学会独立思考，认真领悟和体验生命的意义和价值，使每个生命的个性优势和潜能得到充分的发挥。随着信息载体技术、信息处理技术和信息传输技术的飞速发展，图书馆正在步入全新的读者服务时代。现代图书馆在网络信息环境下，为了满足读者个性化和多样化的信息需求，处处从读者需求出发，提供周全、及时的各种服务，使读者能淋漓尽致地享受知识和信息所带来的快感。

信息的个性化服务可以分两层来理解：首先，它应该是能够满足用户的个体信息需求的一种服务；其次，个性化信息服务应该是一种培养个性、引导需求的服务，它可以帮助个体培养个性、发现个性，引导需求，促进社会的多元化发展。高校图书馆个性化服务的理念就是"以人为本"，通过研究读者的行为、兴趣、爱好和习惯，为他们搜索、组织和选择更具针对性内容的信息服务。它的核心是提供符合读者愿望的帮助，使其满意。过去，高校图书馆主要功能是储藏文献资源，以馆藏规模作为衡量图书馆质量高低的标准；而网络环境下，高校图书馆要更新观念，树立现代信息服务的意识。

高校图书馆的信息个性化服务还包括在网络环境下，用户可以借助网络提供的一套工具来构建自己的个人馆藏，以满足用户特定任务的需求，同时提高检索效率。个性化信息服务开创了"用户需要什么，我就提供什么"的发展模式。网络信息资源是取之不尽、用之不竭的知识财富，要靠大家去不断地开发和挖掘。

个性化信息服务系统的开发，开拓了图书馆服务的新领域，使图书馆的服务质量得到有效的提高，同时也注重了读者的个性，适应了现代教育的步伐。随着数字技术的不断发展和完善，图书馆应充分利用现代信息技术的潜力，开拓创新，创建信息服务的新领域，使数字环境的图书馆个性化信息服务工作，不断步入可持续发展的新阶段。

第五章 高校图书馆信息服务的模式

21世纪是一个集信息、科技、经济于一体的相对巅峰的世纪，随着多媒体技术、计算机技术、网络技术、现代通信技术的迅速发展，人们的学习方式和接收信息的方式都发生了巨大变化，协作性和共享性是学习环境所强调的关键。为了跟上社会发展的脚步，我国高校图书馆信息服务模式需要进一步的创新。换言之，依托大数据时代的发展，我国未来高校图书馆的信息服务模式，将会更加丰富多彩，这也是一个不可避免的发展过程。

第一节 个性化服务模式

一、传统个性化服务转型的必要性

（一）传统个性化服务针对性有所缺失

高校图书馆主要服务于学校的教师与学生。但在服务期间，个性化服务时常会被各种因素所影响，如学生与教师之间的关系是否和谐、学生与教师所研究课题的非固定化等问题。要想将这些可控制性因素的影响降至最低，并将其使用效益提升至最佳状态，这就需要高校图书馆多关注一下用户的各种信息需求变化。

与此同时，还需要对自己已有的各项服务策略做出相应调整。但往往在日常服务中，由于各种原因导致学生和教师在多数情况下不能向图书管理员及时反映自己已经改变信息需求。久而久之，用户变化信息需求无法被图书馆及时获取，这就导致了个性化信息服务与用户实际需求的脱节，大大降低了其服务的针对性。

（二）传统个性化服务无法感知用户真实信息情境

问卷调查或对用户进行访谈，是高校图书馆用以获取用户信息需求的传统模式，但这种调查方式存在着一定缺陷，它不能使学校图书馆获得用户具体的个性化信息。

如果缺乏适合用户具体需要的信息服务，就无法提供准确、有针对性的个性化信息服务。

(三) 传统个性化服务的信息服务遭遇用户流失危机

现在的大学生都是在互联网环境下成长起来的，因此对互联网也是比较熟悉的，所以他们对互联网具有相当强的实际操作能力，我们可以理解为他们对图书馆没有太多依赖。因为图书馆信息服务相对来说是比较烦琐、不便的，而且信息服务的针对性也并不是很强，他们之中大多数在产生信息需求时，都会借助网站进行相关信息的搜索，而不是去图书馆寻求帮助。

高校图书馆是一个各方面信息资源都较丰富的地方，它的存在是建立在有适合的使用者将其进行使用的基础上；高校图书馆的个性化信息服务针对性相对来说是比较脆弱的，这也是导致用户大量流失的主要原因。所以说，提高个性化信息服务的针对性，增强用户体验的满意度，是高校图书馆个性化服务过程中急需解决的问题。

二、大数据环境下模式创新的可行性

(一) 目标群体较易识别

在校师生是高校图书馆所针对的服务对象，这点是毋庸置疑的。在师生使用图书信息资源的同时，他们自身的信息也在图书馆进行了注册，而图书馆正是使用这些已有的海量信息资源对已有信息用户记录进行相应识别，这对于目标群体的定位来讲是较为准确的。

另外，高校教师和学生在进行校内网络访问时，通过对这些用户登录时所使用的用户名以及密码的辨别，是可以较为容易地对目标用户进行精准识别的。

(二) 数据来源相对丰富

高校图书馆作为信息资源的中心，积累了大量用户行为数据，如用户在浏览所需信息时留下的一些历史记录，或是用户在进行借阅图书以及归还图书时的一些相关借阅信息等。

这些海量的数据便是用户变化着的信息情境的一种真实反映，面对这些数据，高校图书馆应不断对其进行有针对性的挖掘和分析，如此，便可较为直观地看到用户现阶段真实的信息情境，为图书馆顺利开展个性服务提供有意义和价值的决策参考。

(三) 实时感知可以满足用户信息需求

由于用户的具体信息可以使他们的信息需求得以展现，所以一般情况下，用户的信息需求可以被实时感知。大多数在校师生在产生科研或是学习方面的信息需求时，通常会去校图书馆或是互联网寻找其所需信息，这是最常见的自我服务方式。在这个自我服务的过程中接待服务器可以准确地记录其行为数据。通过对这些数据进行深入分析，可以得到用户的真实、有效的信息需求。

三、不完善的个性化服务信息系统应用

（一）数据来源的限制

想要提供有针对性的个性化信息服务，就需要有相当规模的数据，只有当用户的信息行为数据非常大而且具有一定的数据耦合度，并在此基础上结合使用个性化信息分析系统时，才能对数据进行深入的挖掘和分析，得到用户信息需求有价值的特征。

个性化信息服务系统的大部分数据来自校园，因此具有相当大的局限性。对于校园外的用户信息行为数据而言，必须与电信运营商和移动服务提供商进行通信和协调。因为用户信息行为特征识别的精准度在很大程度上会受到数据局限性的影响。

（二）用户隐私权可能受损

个性化信息服务系统通过一系列的处理来分析用户的信息行为数据，得出数据之间隐藏着的用户信息特质，以此为依据为用户提供个性化的信息服务。同时，为了对客户信息需求有更加全面且深入的了解，就需要对用户的信息行为进行实时的观察和监控，这就在无形中大大提高了用户隐私权受威胁和侵犯的概率。

因此，要在取得用户同意后，才能对用户信息行为进行数据分析，这是为了更好地保护用户的隐私权。除此之外，在分析数据之前，系统要把那些涉及用户隐私的相关数据进行清洗，删除与个性化信息服务无关的数据，最大程度地保护用户隐私。

四、大数据环境下个性化信息服务系统的构建

（一）高校图书馆在大数据环境下个性化信息服务系统目标

通过深入互联网用户使用日志、评论信息、绘画信息、图书馆使用记录等，对用户变化着的信息需求有实时的感知，是大数据环境下高校图书馆构建个性化信息服务系统的最终目的，并以此来针对用户的真实信息情境，开展有针对性的个性化信息服务。

系统的构建目标为：基于高校图书馆现有的服务模式、服务平台和信息，将多元化数据库的相关记录进行适宜的收集和整理，之后，再通过网络进行相应的数据挖掘，

尽快感知到用户的实时信息需求，最终以此为基础，对用户展开有针对性的个性化信息服务。

（二）高校图书馆在大数据环境下个性化信息服务系统模型

高校图书馆的个性化信息服务在大数据环境下，应该包括数据集成模块、数据规范化处理模块、信息分析模块、信息匹配模块、信息推动模块和用户使用评价模块。其中，结构化数据分析模块、互联网日志分析模块和移动终端位置判定模块是信息分析模块所包含的内容。

（三）高校图书馆在大数据环境下个性化服务系统模块功能

1. 数据集成模块

高校图书馆所获取的大量师生信息数据是分散的，它们分散在图书馆的各个自动化系统中。将各系统中的相关数据进行相应的连接是数据集成模块的基本功能。换言之，数据集成模块就是将不同来源、不同含义特点、不同格式的数据富有逻辑性地集中起来。

2. 数据规范化处理模块

对集成后的数据进行一定标准的处理是数据规范化处理模块的基本功能，且数据规范化处理模块能够使数据与数据挖掘相关算法的需求相符合。

3. 信息分析模块

高校师生一般通过图书馆、互联网或者社交网这三种途径来满足自己的信息需求。基于这三种信息资源的不同利用方式，可分为非结构化信息、半结构化信息以及结构化信息三种信息分析模块。

图书馆信息被用户搜索利用时，它会利用一些技术手段把用户的各种行为记录下来，这些记录都十分规范地以表格的形式存储在对应的数据仓库中。当用户借助互联网来进行相关信息搜索时，会在服务日志文件中，留下相关的使用痕迹，对用户的网络信息行为进行相关分析，属于互联网日志分析模块功能范畴。

用户不再像以往一样，亲自去图书馆，而是使用移动互联网这个虚拟的媒介进行信息的搜索，这便由以往核心节点的人变成了网页。所以说，对于移动互联网的日志而言，需要采用不同的信息、分析策略来进行更深入的分析。

4. 信息匹配模块

在得到用户实时信息需求之后，高校图书馆人员应及时使用信息匹配模块，这种信息匹配模块不是一成不变的，而是根据用户不同信息的需求而定的，通过不同的信息资源制定出多种信息服务策略，并使用户信息个性化服务得以最大限度的保证。

5. 信息推送模块

该模块的功能主要是向不同用户推送相关信息，这些信息多是针对性强且富有时效性的信息。在整个推送过程中常会用到以下三种推送模式：

第一种，针对用户使用的移动终端类型的不同、位置的不同，高校图书馆应向各用户及时推送相关阅读信息。

第二种，当用户借阅某种类型的书籍或是使用某些类型的电子资源时，高校图书馆信息模块推送方面可以自动为用户所搜索的信息类型进行归类，推送一些相关信息内容，并给用户推荐数据挖掘中发现的其他用户信息选择的结果，较有针对性地将用户没有发现的但对用户有帮助的信息资源推送给用户。

第三种，当用户使用第三方信息平台进行信息搜索时，需要在第一时间对用户的搜索数据进行分析，并得出相应的结果，最终向用户推送有价值的信息。

6. 用户使用评价模块

为了使个性化信息服务对用户帮助达到最大化、针对性更强、精准度更好，个性化服务系统模块功能专门设置了用户使用评价模块，换言之，个性化服务系统拥有成千上万的数据，并对这些已有的数据进行了较为深入的分析、总结，这样便可对用户的需求、意图有进一步了解，之后便可向用户推送所需或是相关类型的信息，那么用户在收到这些相关信息的同时，可以使用评价模块，来对自动推送的信息是否符合自己的需求进行评价，用户评价之后，系统就会将该评价存储到后台个性化信息服务库。

久而久之，后台个性化信息服务库中的评价信息日趋增多，他们为高校图书馆工作人员带来了具有实际参考价值的大数据，这足以使他们在原有基础上，提升个性化服务系统的整体服务水平。

第二节　嵌入式服务模式

一、高校图书馆嵌入式服务的基本内容

米歇尔·鲍文斯于1993年提出了"嵌入式"概念，这是"嵌入式"概念的第一次出现。自21世纪以来，该服务在各种现代信息技术的支持下得到了很好的发展。嵌入

式服务逐渐成为图书馆特别是高校图书馆所提供的一种主要信息服务模式，受到各种图书馆组织的极大重视。

国外有很多图书馆工作者都认为图书馆员能力素质的提高是图书馆未来发展的关键。《嵌入式图书馆员》是大卫·舒梅克编辑的一部书籍，他在该书中用虚拟图书馆员、巡回图书馆员、个人图书馆员、联络者和信息工作者等称谓来定义离开的办公桌，并尝试利用他们的专业知识以及人际关系，来更好地为特定用户群体进行服务，图书馆的嵌入式服务被他们实践着。这种嵌入式服务从根本上改变了图书馆只"藏"的知识管理模式，将"藏"和"用"有机地结构起来，最大限度地发挥高校图书馆的价值。

二、高校图书馆嵌入式服务的主要特点

（一）对于用户而言

嵌入式馆员利用先进的网络技术，深入到用户群体中，能够在第一时间满足用户的各种信息需求，甚至能够帮助用户发掘或是提供他们所没有意识到的有价值的信息以及信息需求，改变了与用户之间原有的联系方式。他们不再只是等着用户登门拜访，而是化被动为主动，积极参与到课堂讨论中、参加到教研会议中、与用户共同完成课题研究。这样可以有效地了解用户的学术背景，还可以对用户的工作内容和流程加以熟悉，进而，为用户提供更加有效、及时、高水平的信息服务。

（二）对于服务定位而言

嵌入式服务的定位是与用户合为一体的，这是嵌入式服务一个非常关键的特点。它充分体现了一个事实，那就是馆员除了是信息服务的合作者与提供者之外，还是用户群体中的一员，他们与用户是亲密合作的关系。

首先，就教研部门层面来看，他们是科研人员之一。

其次，就课题研究层面来看，他们是课题研究组成员。

最后，在课堂上，他们又是教师的得力助手。他们"想用户之所想"，真正实现了嵌入的意义。

（三）对于模式种类而言

2007年，大卫·舒梅克等人从共同定位、合作关系、共同管理及共同资助四个维度，理解"嵌入式图书馆服务"，并且将嵌入归纳成三种类型，具体如下：

助理嵌入：一指办公的区域从图书馆迁到用户的办公室。

组织嵌入：一指对嵌入式馆员的管理评价和薪资发放。

虚拟嵌入：指专门为满足用户的使用需求，在虚拟工作区间提供图书馆服务。

（四）对于服务内容而言

嵌入式馆员可以将自己所具备的学科知识深入到用户的项目和课题研究中，对用户信息需求服务进行跟踪，对用户真实、潜在的信息需求进行最大限度地挖掘；嵌入式馆员可以在讨论区与学生进行互动，为他们答疑解惑，为他们的数据库资源检索提供参考性的意见；嵌入式馆员可以在课程管理系统中，添加图书馆页面链接，为用户解答关于图书馆的基本问题。

除此之外，嵌入式馆员对某学科领域的专业基础知识和发展状态还有动态是非常熟悉的，并且时刻关注着，指导怎么样可以更有效地寻找和利用专业信息资源，所以他们可以很好地为用户提供咨询服务，大大提高用户的检索效率。

（五）对于馆员专业素质而言

与传统的参考咨询服务对馆员的要求不同，嵌入式服务对馆员的要求非常高，除了要具备和一般馆员一样的素质外，该服务式馆员还需要具备相应的其他学科的专业素养，这是最重要的一点。在为用户提供服务的时候，嵌入式馆员对其所服务专业的学科背景一定要有详细深刻的了解，如此一来，便可以向用户提供专业的信息服务。

（六）对于最终的服务效果而言

嵌入式服务的基本思想和服务理念分别是"以人为本"和"以用户及其需求为中心"。这种服务方式非常独特，图书馆员借助这种服务模式可以让服务的范围更加广泛全面，用户可以体验到非常完美的贴心服务。用户的价值和体验是嵌入式服务一直强调的内容。因此，这种服务方式非常容易得到用户的认可与支持。

三、高校图书馆嵌入式服务的实践

（一）嵌入到师生科研项目活动中的服务

众所周知，高校图书馆嵌入式服务已经在国内外开始蔓延，其主要有以下几个方面的内容：

①高校图书馆凭借信息资源丰富的优势，让图书馆馆员参与到用户科研团队中去，在科研项目的每个环节中都提供方便快捷的知识信息服务。

②在实践科研项目过程中，图书馆员可以为科学研究团队提供详细的研究背景和国内外相关的研究现状。

③图书管理员还可以编写专题研究报告和技术基准，分析和评论科学机构及其国际对应方、研究和发展产品的趋势。

（二）嵌入到日常教学活动中的服务

说起学生的第二课堂，非图书馆莫属，因此，它应在为学生提供信息资源的同时，还需要为学生提供信息素养教育，起到提高学生阅读兴趣与技能的作用。所以，除了向科学研究项目提供服务外，高校图书馆还须将服务纳入日常活动中。

就目前而言，我国高校图书馆已经嵌入到师生日常教学活动服务之中，其主要是让图书馆员以扮演教学助手的方式，在用户课堂和网络教学平台上提供服务。学科馆员将信息素养与专业课程有机地结合起来，把各种信息服务完美地融入专业课程的教学当中。

（三）嵌入到日常学习、生活中的服务

在大数据环境下，人们的信息需求和信息获取都发生了翻天覆地的变化，而且随着现代信息技术的发展，各种信息服务机构层出不穷，这对作为传统社会信息中心的图书馆提出了挑战。所以，图书馆越来越重视为用户提供嵌入到日常学习和生活中的服务。

（四）嵌入到政府及企业中的服务

随着高校图书馆面向社会开放，高校图书馆除了向社会开放丰富的文献资源和良好的学习空间之外，还结合阵地服务，开展了一系列的社会活动与服务，其中就包括面向社会、企业和科研单位的嵌入式服务。针对用户的实际需求提供专题报告，是高校图书馆面向社会提供的最主要的嵌入式服务。

第三节　高校图书馆知识服务模式

一、图书馆学科知识服务概述

（一）图书馆知识服务与学科馆员制度

目前，各领域对知识服务的研究仍处于初级阶段，对知识服务概念的界定还众说纷纭。但学者们所提出的概念在以下三个方面基本达成共识：

第一，知识服务要以信息和知识的获取、组织、整合、重组为基础。

第二，要以解决具体而实际的问题为目标。

第三，将知识服务在问题解答中的最大价值效益发挥出来。

（二）高校图书馆学科知识服务

高校图书馆学科知识服务就是将学科馆员制度与知识服务相结合。它按照学科专业领域，将人力和资源相结合，是一种提供专业化知识服务的方式。

鉴于知识服务的定义，高校图书馆学科知识服务的含义可以被界定为：基于图书情报知识以及学科馆员的专业知识，进行用户知识的选择、获取、吸收、利用、创新，并在此基础上，对相关学科专业知识进行搜寻、组织、分析、重组，为教师和学生提供所需专业知识的服务。

高校图书馆的竞争服务必须与学校的学科紧密结合。科学研究和教学人员在同一研究领域，其科学环境、知识结构、心理特点、研究习惯、实践和行为等方面具有类似的作用。因此，高校图书馆的优势被"学科化"的知识服务模式发挥出来。

高校图书馆知识服务的中点是构建一个有效、完善的高校图书馆学科知识服务模式，与此同时，这也是提高高校图书馆知识服务能力所迫切需要解决的问题。

二、高校图书馆学科知识服务系统的构成

（一）学科知识服务用户

知识服务用户的另外一个名字叫知识受众，是指通过知识媒介接受知识、获取知识的人或组织。高校的教师和学生是高校图书馆学科知识的主要用户群体。

在所涉及知识服务的系统中，知识服务的使用者不仅仅是知识产品的接受者和消费者，与此同时，他们还是知识服务的恣惠者与激励者，并很有可能成为未来知识的提供者和创造者。高校是各学科领域专家和学者的汇集地，这些专家和学者是知识创新的主力军。

（二）学科馆员

学科馆员在整个学科知识服务过程中都处于核心地位。

首先，在整个学科知识服务过程中所处核心位置的是学科馆员。

其次，学科馆员需要具备综合能力，例如，相关学科的专业知识以及娴熟精通的图书管理业务能力等。

再次，从某种层面上来讲，学科馆员可以算是知识消费者的先驱，在对问题进行更深入的理解基础上，通过对相关学科专业知识的收集和利用，产生了具有自我体验和思维结果的新知识产品。

最后，学科馆员的作用是基于过去的简单公共信息资源为用户提供共同服务，全面地进行资源建设、合作服务和用户训练。

（三）信息资源库

图书馆的馆藏资源库、各种网络资源以及信息检索系统等，是目前信息资源库所包含的内容。

信息资源库主要含有以文献、事实、数据等人类显性知识为主的海量信息，对其进行组织管理的过程可称为信息管理。信息资源库可以按学科分类来组织和管理信息资源。

图书馆在信息管理方面的理论与实践，已经相对成熟。信息资源库中的显性知识是学科知识服务的素材和基础。

随着对知识组织、知识挖掘、知识发现、知识揭示、智能技术等各方面的研究不断深入，统一的信息资源库将向着包容隐性知识在内的知识库的方向转化。

（四）学科知识库

对于高校图书馆而言，其知识服务与信息服务的主要区别在于学科知识库，同时它也是学科知识服务系统中不可缺失的一部分。

学科知识库中的知识包含了学科馆员在解决知识服务利用者提出问题的过程中，探索到的显性知识，学科馆员运用自身的隐含知识以及从信息资源库中获得的显性知识，包含着能够解决用户特定问题的新知识产品或知识成果。

这些知识被捕获、输入知识库，并经过处理、评价和排序，形成知识库的主体，为新用户提供知识，或在适当的时候进一步加工，形成新的、更高层次的知识产品。学科知识库与其他知识库的区别在于：它们的内容严格按照学科分类进行组织，高校也可以根据自身的专业优势建立特色学科知识库。

三、高校图书馆学科知识服务模式构建

（一）明确用户提问，确定用户需求

用户提问由图书馆学科知识服务平台进行受理，且该平台将用户所提出的问题进行性质、学科范畴归类，向相关学科的工作人员推荐用户，或是让相应的学科馆员处理用户所提出的问题。学科馆员想要明确用户所提出的问题，就需要与用户做进一步的交流，这样便可以挖掘用户深层次的潜在需求，或是清楚分析出用户的真实需求。由此见得，学科馆员通过与知识用户进行深入交流与沟通，填补了计算机系统不能满足用户模糊需求的服务缺陷。

学科馆员可以尝试探索用户无法表达、潜在或不明确的需求，从而引导知识使用

者清楚地理解和表达自己的需求。学科馆员与用户的有效沟通,是制定知识服务策略和选择知识服务工具的基础和前提。

(二)知识服务用户的意见反馈

知识用户在获得学科馆员提供的知识后,有必要给予知识服务反馈。如果满意,服务就会结束;反之,若不满意,学科馆员需要再次进行查询,保持交流和提供服务的进程。

用户反馈是评价学习服务质量的指标之一。学科知识服务体系的建立、运行和完善,都需要相关对象对其进行反馈。

(三)学科知识库的管理

对知识服务用户来说,获得令人满意的答案意味着知识服务的结束,然而,对于整个学科知识服务体系来说,另一个重要的环节是由积累服务生成的知识记录,整理好顺序,按学科门类组织形成知识库。

随着学科知识服务范围的扩大、服务对象的增加、学科的不断细化以及方法的进化、变化,学科知识库中的内容也得到了间接的增加、完善、更新和优化。从某种意义上讲,这些工作是对学科知识库的管理和组织。

学科知识服务是高校图书馆的一种新的服务模式。在此基础上,采用先进的信息技术和网络技术,为高校图书馆用户提供知识化、专业化、个性化的综合服务,最大限度地满足科技自主创新的要求,最大限度地满足了高校师生的个性化信息和知识需求。因此,学科知识服务是高校图书馆知识发展的必然趋势。

第四节 高校图书馆信息共享服务模式

一、信息共享空间的目标与原则

(一)信息共享空间的目标

(1)为满足用户的信息需求以及学习需求,提供个性化、一站式服务,用户有权自由选择和获取硬件资源、软件资源、多媒体资源和网络信息资源,使图书馆的资源优势充分发挥出来。

(2)提高用户检索、评估和使用信息的能力,从而提高用户的信息素养。

（3）用户能够从图书馆工作人员、计算机专家以及多媒体操作者那里，接受各种援助和咨询服务，能够在信息共享空间的工作人员的指导下进行学习和研究。

（4）注重集中学习或研究，使用户相互合作，提供良好的学习、研究和沟通的空间。

（二）信息共享空间的基本原则

1. 需求动态性

随着网络时代的发展，以及人类价值观念的转变，图书馆用户对信息的需求，也呈现多元化动态发展趋势，这也代表了用户信息意识在进一步增强。

首先，用户获取信息的途径较为多元化，除了自己查找、借阅之外，大多数情况下会依赖馆员的主动传递。

其次，随着时代的进步与发展，单一的知识服务体系已经无法满足用户的需求，因此，就需要利用信息共享空间对用户信息需求做出及时反应，采用先进的信息服务技术来满足用户的动态需求。

2. 服务集成性

信息共享空间是图书馆中研究、教学、学习和消遣的场所，应该为用户提供参考咨询、多媒体服务、研究型服务和技术服务于一体的集成信息服务。用户通过集成服务机制"一站式"获取所需信息，并以最小的代价在最短的时间内获得所需信息。

3. 知识共享性

信息共享空间能够满足用户的个性化信息需求，为用户提供能够协作和自由交换信息的共享平台，这在传统图书馆服务中是不存在的。在这样协同工作的空间中，用户可以通过直接与用户、工作人员、技术专家进行交流获取信息，也可以利用信息共享空间中配备的各种信息设备，获取网络信息资源。它是用户获取知识、共享知识以及进行知识创新的重要场所。

二、面向集成服务的信息共享空间的构建

（一）信息共享空间的战略规划

对各相关部门的整体进行优化的方式来提供服务功能，是信息共享空间提供的信息服务模式理念。那么，要想使各相关部门的整体得以优化，就需要在战略规划上视各相关部门的相互合作，将各相关部门的组织管理层次减少，使组织机构体系逐步呈扁平的网状管理结构，以促进各部门之间的沟通和协作，使高校图书馆的管理工作更加高效化。

（二）信息共享空间的构建要素

1. 物理空间

在信息共享空间中，重要的是为用户提供物理空间，以进行舒适的学习和沟通。物理空间可以是一个多媒体的电子教室，一个小组交流讨论室，一个提高研究水平的咨询区，一个独立研究室，等等。

在构建物理空间的过程中，需要考虑到不同用户的信息需求，因为每个人都有属于自己的学习方式以及习惯。国外一所大学图书馆的工作人员，根据用户需求的不同以及用户所处环境的不同，对物理空间进行了以下的划分：

（1）第一空间

该空间主要是指基于无计算机环境下的个人空间，该空间是不受任何干扰的个人进行学习、阅读、思考的空间。

（2）第二空间

该空间主要是指基于有计算机环境下的个人空间，该空间是适合个人利用所需电脑或是无线网络进行单独学习的空间。

（3）第三空间

该空间主要是指基于无计算机环境的、集体的空间，换言之，集体成员可以越过计算机进行面对面的交流、讨论。

（4）第四空间

该空间主要是指基于有计算机环境的、集体的空间，换言之，集体成员可以使用计算机进行相互间的交流。

在上述空间种类中，第三空间可以说是最重要的一类，它可以为诸多用户提供较为适合、和谐的工作或是学习环境。

2. 人员

众所周知，人员是信息共享空间构建中不可或缺的一个重要因素。以下是信息共享空间人员构成的主要内容：

①信息技术专家。主要为用户提供计算机软件、硬件以及网络技术方面的支持。

②参考咨询馆员。主要为用户解决资源使用方面的问题。

③多媒体工作者。主要为学生提供多媒体制作的指导，为教师研发更为优质的多媒体教学软件。

信息共享空间的服务模式对人员的素质提出了更高的要求，这不仅要求员工具备与自身服务相关的技能，而且还需要具有较强的学习能力、理解能力和实践能力。随着信息技术的发展和用户的需求,用户应该不断更新自己的知识结构,提高服务水平。高校图书馆可以定期组织一些相关的培训活动,使人员的综合素质得到不断提高。

3.信息资源

除了提供传统的馆内资源外,信息共享空间必须具备丰富的电子资源、专业数据库、多媒体文件以及网络等信息资源。

(1)硬件方面

信息共享空间不仅提供电脑、通信设备,还提供复印机、打印机、扫描仪、照相机、投影仪等外围设备,这些都是硬件设施。配置在物理空间的各种舒适的桌子、椅子、沙发等家具设施和宽敞的休息室,也是其所包括的硬件设施。

(2)软件方面

需要提供电子资源软件,同时也需要提供种办公软件和多媒体播放软件。

(3)人员方面

信息交流区工作人员应不断更新电子资源,并根据用户的实际需要,建立灵活的设备设施,以确保信息交流空间成为一个重要地点。

(三)信息共享空间的效果评价

在构建信息共享空间之后,最重要的步骤就是对这一服务进行评价,建立起以用户为中心的信息共享空间服务质量评价体系,保证信息共享空间的有效运行。

具体方式可以是向用户发放反馈表格,进行网上调查,或是两种方式结合,正确地了解、分析和评价用户对服务的感受和要求;也可以采取收集人员培训结果和信息共享空间工作人员在实际工作中的切身体会等方式。

根据评价结果,可以发现服务中存在的不足,从而不断改善服务设施,改进工作方法,提高服务质量,更好地满足用户的需求。

三、对我国高校图书馆构建信息共享空间的指导

(一)我国高校图书馆构建信息共享空间具备的条件

通常情况下,"以用户为中心""以馆员为中心"和"以资源为中心"是高级机构图书馆发展的三个重要阶段,而每个阶段的发展都是为了给用户提供更好的信息服务。在此过程中,需要以图书机构的不断发展和进步,作为信息共享空间建立的先决条件。

1.在资源建设方面

高校图书馆应将传统馆藏资源以及网络信息资源进行相应的扩张建设,尤其是对

网络信息资源的创建,应向教员以及学生提供国内外期刊数据库、参考咨询服务、光盘数据库等。这在某种程度上,打破了传统图书馆对地域空间的限制,使更多的网络信息资源实现了共享,带来了信息服务的网络化。

2. 在馆员素质方面

为了使教学、科研以及社会对信息的需求得以满足,高校图书馆鼓励馆员用自己的技术、知识、能力等,为用户提供适应时代需求的信息服务,与此同时,在对馆员的全方面培养制度中,提出了"学科馆员""信息导航员""知识型馆员"等相关概念。

近些年来,清华大学图书馆、北京大学图书馆、武汉大学图书馆、西安交通大学图书馆等知名高校图书馆,相继实行了这种以特定师生文献需求为中心的"学科馆员"制度,效果很好,深受师生欢迎。

3. 在面向用户服务方面

大多数高校图书馆已经意识到,他们应将用户的信息需求作为服务的核心,为用户及时提供有价值、专用的信息。

(二)我国高校图书馆构建信息共享空间存在的问题

1. 在理念方面

部分高校图书馆没有意识到自身建设在高校整体发展中的重要性。在国外的经验表明,高校图书馆并不只是提供各种信息的检索机构,应该在学校的教学和科研创新活动中有所作为,这不仅是高校发展的需要,也是图书信自身发展的需求。所以,高校图书馆应抓住这个机遇,积极参与到全校师生的教学和科研活动中去,为他们提供能够进行知识创新的信息共享空间。

2. 在管理体制方面

现阶段大多数高校图书馆仍然沿用传统的管理方式。随着市场经济的发展,高校图书馆也应加入市场竞争机制中,在机构上科学地划分各部门的权限,明确行政与业务的关系,为业务建设提供行政服务,激发各部门的积极性。

(三)我国高校图书馆构建信息共享空间的策略

1. 注入信息共享空间的理念

在图书馆的建设和管理过程中,分享信息空间的概念已成为图书馆发展的一个必然趋势,目的是在一般用户之间交流信息。信息共享空间为自主学习、团队讨论和集体研究提供了信息和空间,以激发用户的兴趣,并实现知识创造。

2. 制定信息共享空间的规划

由于我国相关的理论指导并不完善，还存在诸多问题。因此在制定规划时，除了将自身已经具备的一些硬件和软件充分利用以外，还需要借鉴国外信息共享空间的实践，并根据图书馆的实际情况以及用户利用图书馆的行为特点，最终制定出符合图书馆用户需求的战略规划。由此可见，信息共享空间规划对于图书馆信息共享空间的建设具有重要的指导意义。

3. 构建合理的信息共享空间服务体系

在新的技术以及学习环境的驱使下，传统的高校图书馆服务已经不能满足于用户的需求。因此，高校图书馆必须不断紧追时代的脚步，勇于创新，才能更好地适应时代发展。信息共享空间作为一种面向用户的信息服务模式，是高校图书馆服务模式的创新，也为高校图书馆的发展提供了良好的机遇。

综合考虑信息共享空间的四个构建元素，无论是物理空间，还是资源、服务，以及人员的设置，都要进行其内容的合理分配，针对不同的用户，设置规模大小不同的物理空间，与此同时，根据用户的需求提供多种服务的交流场所，实现虚拟空间与物理空间的结合。

第五节　高校图书馆信息服务模式综合体系构建

一、书刊借阅服务模式

（一）书刊借阅模式概述

关于书刊的借阅模式主要有两种，一种是自主借阅服务模式，另一种是人工借还服务模式。

1. 自主借阅服务模式

用户无须工作人员的帮助，可自行按照相关提示完成整个文献阅览或是外借的手续，这便是自主借阅。自主借阅的地点相对来说是比较广的，可以在馆内实施，也可以在馆外实施，它是一种管理制度。

据相关统计调查，现在大多数图书馆都为用户提供自助复印机、打印机，用户如果有所需求，只需投币便可以自己复印、打印，整个过程极其方便。

基于对读者的尊重与信任，新的借阅模式充分发挥了高校图书馆育人的教育功能，进一步培养了读者的主人翁精神，使读者与图书馆的距离被拉近，并体现了高校图书馆"以人为本"的服务理念。

2. 人工借还服务模式

人工借还服务模式是指用户在图书馆进行阅览以及书刊外借的过程中，需要相应的工作人员以及部分半自助设备的帮助，才能成功完成图书的整个借还过程。

（二）借阅服务比较

1. 借阅方式

以往，各图书馆实行半封闭的借阅模式，整个图书馆只有一个进出口，并安装出入控制设备，在旁边设置一个综合工作表，负责记录所有图书的借阅、还款、续借、预订和读者咨询。

现在，图书馆实行开放式的借阅模式，读者只要扫描图书证后就可以带自己的书或书包进入，不受任何限制。并且读者可以自由地将书架上的图书带到图书馆的任何一个地方阅览学习。

2. 人员调位

书库、阅览室各自为战的格局状态被门禁管理的实行打破了，工作人员的工作岗位也调整了。在确保整个工作台工作人员配备均衡的条件下，对从事借还工作的人员数量进行了缩减。图书馆和阅览室的大部分工作人员将被投入到书库巡视、书架管理、参考咨询等工作中，部分专业图书馆员也能充分发挥自己的专业优势，从事更深层次的服务工作，如图书导读、新书推广、参与学科建设、资料汇总等。

高校图书馆人员岗位的变化，间接推动了整体服务工作的细化，并使服务项目得到了完善，有效抑制了低效率的事务性工作，与此同时，促进了管理服务的工作水平以及效能。

3. 馆藏文献防盗磁条要求

对购进图书使用永久磁条是图书馆旧的借阅模式的特点之一，这种模式对用户借阅图书来讲是较为麻烦的，因为被永久磁条附着的图书，在借出状态下是不能被带入书库的。单单从这一点上，门禁管理系统就比永久磁条要方便得多，因为当用户借出某本图书时，也可以将其带入图书馆。

二、点对点服务模式

（一）传统到馆借阅服务模式

图书馆的传统借阅方式包括阅读书籍和期刊、复印文件、借阅纸质书籍等，但这远不能满足图书馆用户的需求。在某种程度上，它限制了用户进入实体图书馆的热情。高校图书馆服务平台的变革和发展是顺应时代潮流的，它经历了以下三个时期：图书馆时期、计算机平台时期、移动网络平台时期。

（二）新兴移动服务模式

针对高校图书馆的服务模式而言，移动服务方式是目前较为流行的一种。随着移动信息服务被普遍使用，移动图书馆的服务模式开始被广大用户所接受和认可，移动用户以无线接入方式接收由手机等移动终端提供的服务。

国外大部分图书馆目前都已经有了新兴的移动服务模式，且他们对该服务模式有了较为深入的研究，并已初具规模。

三、主动推送服务模式

图书馆员在传统高校图书馆信息服务中扮演着"中介"的角色，它是搭建高校信息资源与用户资源的桥梁。用户根据自己所需的相关内容进行书目的选择，图书馆员根据图书馆馆藏实际情况和用户的需求，来提供相应书籍。这是一项丝毫没有技术性和反馈信息的服务方式，用户需要什么，图书馆就提供什么，久而久之，它就掩盖了用户与图书馆的信息需求矛盾，用户不知道图书馆真实的馆藏情况，图书馆对用户阅读习惯也是一无所知，从而直接影响并延误了文献的更新速度以及维护的最佳时间。

在大数据环境下，图书馆积极开展信息定制与主动推送服务，以用户为中心，根据用户习惯及以往需求预测并分析用户的潜在需求，定期通过电子邮件、短信等途径主动向用户介绍图书馆的最新服务动态和最新馆藏资源情况，推荐本馆的最新信息服务，并时刻接收用户实时反馈的信息，对服务效果的反复评估做出理性反应，改善服务模式。

四、学科信息门户模式

学科信息门户，是一种新型的网络信息资源服务模式，它根据特定用户需求，运用多种技术手段，将特定学科或主题领域的信息资源等，进行加工、处理与整合，为用户选择质量高、专业性强的信息资源，同时为用户提供浏览、检索、导航等增值服务的专门性知识。当用户对某一学科领域内的信息资源有需求时，图书馆按照一定的资源选择标准，针对特定学科或主题领域，通过灵活整合和组织，对馆藏资源和网络资源进行检索和选择、组织，为用户提供有针对性的文献信息服务，并在此基础上支持个性化集成定制服务。

学科信息门户作为获取专业信息资源的方式，具有以下特点：专业性，针对特定的专业领域；集成性，将专业内的各种信息资源集中整合到一起；可靠性，资源的选择来源是及时可靠的；知识性，根据知识的内容及其相关体系来进行有效检索整合。当然，现有的学科信息门户还存在一些不足，如学科信息门户个性化实现程度不高，用户的个人资源无法共享，学科信息门户和用户之间缺乏互动等问题亟待改进。

信息服务是学科信息门户存在的首要目的。构建学科信息门户的根本目标是为用户服务。传统学科信息门户从信息服务模式上看存在缺陷，服务手段有待改进。而随着技术的发展，个性化和参与互动化特征使网络信息服务模式发生了改变，信息服务模式正在由"拉"向"推"模式转变。因此，在新的网络环境下的学科信息门户是运用新的信息服务模式来构建更符合用户需求的、专业性、知识性更强的集成服务模式。

五、联盟服务模式

（一）自助式移动图书馆联盟服务模式

自助式移动网络图书馆联盟服务，针对首次进入图书馆联盟的用户，系统将提示用户进行终端选择以及用户注册，未注册的用户也可以进入联盟内自行查找所需信息，以应对紧急情况下对信息资源的需求。

（二）互助式移动图书馆联盟服务模式

用户在进入移动图书馆联盟时，首先选择所用终端设备，系统将根据进入端口方式对用户进行分类，有针对性地对用户提供服务，用户也可根据进入方式，设置适合自己的用户界面。移动图书馆联盟信息服务平台，为具有明确而具体的信息需求的用户提供了多种信息服务方式。

对于信息需求尚不十分明确，或是对某一学科领域信息具有持续需求的用户，可以经由检索帮助，辅助用户明确检索需求，确定关键词和检索式，帮助用户迅速检索到相关问题及问题的解答。也可运用移动信息定制与生活咨询服务，根据自己的兴趣定制信息资源，信息人员根据用户主动提供的兴趣信息，定期进行检索并将最新的检索结果推送给用户。

深层次的信息推送服务主要是通过对用户兴趣信息的挖掘，发现用户可能感兴趣的主题，然后以此作为依据对信息资源进行进一步的组织与加工，最后推送给用户。不仅如此，系统还会根据用户模型中关于日常生活兴趣、偏好和行为的描述，进行前瞻检索，为用户提供其可能感兴趣的信息。推送方式有最常用的短信提醒，以及电子邮件接收等。

当信息用户无法准确选择信息服务功能，或者图书馆联盟所提供的服务功能不能够满足或解答用户问题时，信息用户可以选择专家咨询的方式直接与信息服务人员进行交流，由信息服务人员直接提供其所需的信息资源或问题解决方案，并在第一时间运用移动信息定制服务对其进行提醒。这就要求信息服务人员明确用户提问，确定用户需求，并且快速分析用户提问，制定服务策略并选择服务工具，提供专业的信息咨询服务。

移动图书馆联盟系统会定期向信息用户发送信息反馈提醒，分析现阶段信息用户对资源的需求情况以及联盟的运用情况，定期维护并完善联盟信息资源库，满足用户所需信息资源。

综上所述，移动图书馆联盟信息服务平台中提供的多种服务功能，能够使信息用户在信息服务系统的辅助下，直接快速地获取自己所需的信息资源。要想使移动图书馆联盟能够顺利且广泛地在信息用户中运用，就需要将图书馆联盟资源的共建共享充分发挥出来。

第六章 个性化信息服务发展路径

第一节 高校图书馆个性化信息服务概述

个性化信息服务是图书馆信息服务的发展方向,是满足用户信息需求、培养个性、表现个性的服务,是吸引用户参与数字图书馆建设的关键所在。个性化信息服务的产生和发展是网络环境下,用户需求变化、服务意识和机制的变化、信息环境变化三者作用的必然结果。

一、个性化信息服务

(一)个性化信息服务的概念

计算机技术在图书馆服务工作中的广泛应用,迎来了图书馆的个性化服务的产生。个性化信息服务也称定制服务,是相对传统的整体式服务而言的一种新型服务模式,它以用户为中心,根据用户提出的综合的、明确的信息需求向其提供专有的信息服务,或通过分析用户的专业背景、个性特征和行为方式等,主动向其提供可能需要的信息和服务。

相比传统图书馆的群体服务功能,个性化服务更具有针对性。所谓个性化信息服务就是根据用户的知识结构、信息需求、行为方式和心理倾向等,有的放矢地为具体用户创造符合个性需求的信息服务环境,为其提供定向化的预定信息与服务,并帮助用户建立个人信息系统。

个性化信息服务的根本就是要以用户为中心,尊重用户,研究用户的行为和习惯,为用户选择更切合的资源。

个性化信息服务有两个目的:一是根据用户自身的兴趣、爱好和需求定制自己所需要的信息和服务,二是信息提供者针对用户的个性和特点,主动为用户选择并传递最重要的信息和服务,并根据需求变化,动态地改变所提供的信息资源。

个性化信息服务的宗旨就是读者需求和选择，体现读者之间的区别，并据此提供不同的信息服务。

（二）个性化信息服务的特征

1. 针对性

根据每个用户的独特信息需求提供有针对性的服务，对不同的用户采取不同的服务策略，提供不同的服务内容，是基于用户的信息使用行为、习惯、特点向用户提供满足其个性需求的服务。以用户需求为中心，是个性化信息服务区别于传统信息服务的本质特点，以用户需求为中心要求所有的服务必须以方便用户获取、满足用户需求为前提。以用户为中心包含两层含义：一是以用户的需求为导向设计和安排服务功能与设施；二是创建个性化的信息环境，按照用户或用户群的特点组织信息资源，提供多样性的信息服务。

2. 方便性

个性化服务是图书馆发展的必然选择，图书馆以多种多样、不同类型的服务手段，为用户提供更多的选择，从而方便其使用，能够关注并满足个别读者的个别需求。方便性一方面体现在，在馆员的指导下获取有效信息资源方便、快捷，这就要求馆员对专业发展状况有较全面的了解与掌握，知道师生需求的内核与实质，并能借助于现代电子设备为师生提供信息资源；另一方面是服务手段的方便，让师生能按他们指定的要求提供信息资源服务，不仅要为用户提供更加准确的信息，而且还要能够按照用户指定的方式进行服务，如满足用户对信息的显示格式、信息载体、运行方式、提供信息资源结果的方式的要求，以及对服务时间、服务地点的要求。

3. 高效性

个性化信息服务可以在网络空闲时段传送数据，能有效利用网络宽带，更适合输送大量数据的多媒体信息。通过对各种馆藏资源的有效组织、管理与配置，建立复合式的信息资源组织体系，为读者使用馆藏资源提供最大的便利。体现高效性，一是信息资源获取要"高效"，高职院校图书馆建设中要注重馆藏资源的内容组织、企业场馆的建立、企业场馆的综合利用与整合，最大限度地方便读者查找信息、利用信息，建立完善的检索体系，力争达到"一索即得"的效果。二是信息传递高效，即在师生提出信息资源需求的第一时间，能指导师生迅速获取信息，然后在馆藏资源的物理载体的组织上要方便读者。在馆藏资源的空间布局上要最大程度拉近读者与资源之间的距离，实现高效传输、高效利用。

4. 智能性

从信息过滤、数据挖掘、知识推送到界面定制服务等的开展均充分依靠各种信息技术的支持，综合运用多种现代信息技术是整个服务过程中不可或缺的技术保障。高校图书馆应围绕"满足用户的真正需要"这一主旨，利用现代化信息技术、网络技术与用户建立交互式的交流，并构建动态的用户信息库，准确查找目标用户群，强化与用户的关系，构建通畅有序的个性化服务信息通道，主动将用户所需的信息推送给用户，提高个性化信息服务水平。

5. 交互性

个性化信息服务的发展方向是不断增强系统与用户的交互性，建立允许用户充分表达个性化需求，能够对用户需求行为进行挖掘的个性化服务系统。信息服务系统不仅能够提供友好界面，而且要方便用户交互，方便用户描述自己的需求，方便用户反馈对服务结果的评价。一是为师生从事教学、科研与学习提供足够的空间，指导读者实现用户自己创建自己的信息集合功能；二是实现图书馆与用户之间附加的、同步的交流模式，使用户可将更多的时间用在评价数据、信息或知识的价值上。

二、个性化信息服务的基本要素

个性化信息服务的基本要素包括个性化信息服务中的具体应用、用户模型、信息过滤、信息分流、系统的体系结构以及用户模型的评价标准等。

（一）具体应用

从广义层面上来说，个性化用户的具体应用可以分为两类：对情报信息资源的个性化入口的过滤与排序。

1. 个性化入口

对用户提供 Web 或信息系统的个性化就是个性化入口。主要应用于个性化网站，如著名的搜索引擎"Yahoo!"的个性化定制"MyYahoo！"，它允许用户用简单的词或主题词列表，来指定自己的科研项目或感兴趣的主题；流行的 Internet 浏览器，如微软的 IE 和 Navigator 都允许以一个个性化的方式组织书签；另外，个性化入口在电子商务领域是十分普遍的。

2. 过滤与排序

个性化信息服务活动中研究的重点是过滤与排序。其内涵是指对信息文档根据用户概貌进行相关度量的排序，过滤掉相关度量少的文档信息，过滤和排序是一个提高返回信息与用户需求信息相匹配的精确度量的过程。

3. 用户建模

用户建模的目的是识别用户的信念、目标和计划以提供个性化的服务。

首先，识别当前用户，就是如何获取用户的个性化信息反馈，通常有两个渠道：隐性的用户信息反馈和显性的用户信息反馈。隐性的用户信息反馈是由系统自动记录用户的访问路径、用户在某一页面停留时间、文档的长度等信息，形成日志文件，通过分析该日志文件，总结用户的需求特征；显性的用户信息反馈需要用户的直接参与，由用户提供一些信息来评价当前的文档页面或给出一定的建议。一般来说，把两种方法结合起来应用会取得更好的效果。

其次，给系统加载当前用户的用户模型，如果不存在这样的模型，就按照缺省方式新建一个用户模型。

最后，在用户与系统交互的基础上更新模型，形成有助于当前用户使用的个性化系统。

（二）信息过滤

每个用户都有特定的、长期起作用的信息需求。用这些信息需求组成过滤条件，对资源流进行过滤，就可以把资源流中符合需求的内容提取出来，这种方法就是信息过滤。

信息过滤有以下几个层次：第一个层次是对一个资源流中的资源，用有限个分类标注符号进行标注，用户的信息需求就体现为这有限个分类标注符号的一个子集。这样，过滤的动作就是纯机械的动作，不需要任何智能就可以完成；第二个层次是允许用户不限定范围的关键词语来描述信息需求，对一个资源流中的资源，以用户选定的关键词语进行匹配检索，不符合要求的内容被过滤掉；第三个层次是不需要用户做任何事情来描述自己的信息需求，用户的信息需求是系统根据用户访问资源的历史记录自动分析出来的。

（三）信息分流

如果用户的规模和信息资源的规模都非常大，那么对每个用户的信息过滤分别单独实施，会在效率上造成非常大的浪费，原因很简单：不同用户在需求上有交叉和重叠，对各个用户需求的判断也相应地有过程上的交叉。如果把不同的信息需求组成一个方便共享的结构，在实施信息过滤时予以统一的优化调度，就会达到比分别过滤高得多的效率，这种方法叫作信息分流。信息分流在数据结构和算法上都需要精巧的处理。最理想的结果是对特定的用户群来说,平均分流时间最短。相应的判定机制是某种形式的多叉树。

(四)系统的体系结构

用户建模放在什么位置,是系统的服务器上还是客户计算机上,或是处于两者之间的代理服务器上,这是系统的体系结构研究的重要问题。这与上述的信息分流有关,如果要进行信息分流,一般要将用户模型放在服务器上,否则进行信息分流就比较困难。

(五)用户模型的评价标准

一个用户模型的基本评价标准包括粒度、修改能力、时效性和模型的数量四个方面。

1. 粒度

粒度分为两种:第一种是每一个用户一个模型,第二种是一些用户共用一个模型,即类用户模型。

2. 修改能力

用户模型可以是静态的或动态的,静态模型在与用户的交互过程中不发生改变,而动态模型一旦学习到新的信息就及时修改。静态模型可以被预先嵌入一个系统中,或者在系统的初始会话阶段由用户建立。动态模型在整个交互过程中及时获取或修改。

3. 时效性

用户模型可以是短期的或长期的。短期模型建立在当前交互过程中,当前交互过程结束后,可以被放弃。长期模型可以从一个交互过程保持到另一个交互过程中。

4. 模型的数量

它是指单模型系统和多模型系统。单模型系统是指一个用户只有一个模型,多模型系统是指一个用户可以有多个模型。

三、个性化信息服务的功能与形式

(一)个性化信息服务的功能

1. 时空服务的个性化

在用户指定的时间和指定的地点获得服务。一是服务时间的"全天候",课余时间、周末时间、企业顶岗实习期间均可利用图书馆查阅资料,不受时间的限制与约束,这样有利于信息获取的连续性和可追索性；二是服务地点的多样性，图书馆可根据用户需求的方式灵活地进行服务，可以利用专题馆，也可以是课堂，也可以在企业的图书馆，如信息的显示方式、时间、地点等。对用户所需信息进行分析、加工，整合形成新的具有增值的信息，为用户提供高质量、高水平的服务。

2. 服务方式的个性化

根据用户的个人爱好或特点来开展服务。信息提供者针对用户的个性和特点，主动为用户选择并传递最需要的资源和服务，并根据用户的需求变化，动态地改变所提供的信息服务。个性化服务是一种互动式的动态服务，是以用户为中心，以数字、网络为平台，图书馆员主动深入所擅长的专业、仔细分析师生的信息需求，向用户提供所需的特定信息。既可以有纸质方式，也可是电子方式，还可以是两者混合的方式。既可以是讲座形式，也可以是专业研讨形式，还可以是经验与成果分享形式。

3. 服务内容的个性化

所提供的服务不再是千篇一律，而是各取所需、各得其所。用户根据自身的兴趣、爱好和需求，定制自己所需的文献资源、信息和服务；图书馆对用户的个性化服务，是有针对性的信息服务。如：针对汽车专业的师生，提供从汽车前市场到后市场整个汽车产业链的专业信息，整车制造、汽车运用技术、营销、保险、理赔、员工培训等信息。编制统计数据简报，向师生提供人才需求统计数据、某类车型销售统计数据、企业员工职后培训数据等，为师生开展科研与专业学习提供个性化服务内容。

（二）个性化服务的主要形式

个性化服务系统随着信息技术的不断发展而层出不穷，提供的服务也是令人眼花缭乱、目不暇接。主要的形式有个性化信息推荐、个性化信息检索、个性化网站等。

1. 个性化推荐

个性化推荐是指根据用户的兴趣和特点，向用户推荐感兴趣的信息。

个性化推荐是根据用户模型（即用户兴趣和特点的计算机描述）寻找与用户模型匹配的信息，或者寻找具有相近兴趣的用户群而后相互推荐浏览过的信息。简单地说，个性化推荐的实质是一种"信息找人"的服务模式，可以减少用户寻找感兴趣信息的时间，提高用户浏览的效率。

用户模型指的是一种包含用户所有与系统运行相关的特征描述的系统知识库。任何系统里的用户模型都包含三个基本功能模块，分别完成以下功能：保存管理用户知识、向用户模型中添加新知识、支持和回应用户模型所在系统的需求。

用户模型可以分为两种：个人模型和通用模型。个人模型被称为用户描述，是每一个用户区别于其他用户的特殊知识，包括个人信息、兴趣爱好等；通用模型也被称为固定规则，是对于某一组用户有效的知识。

2. 个性化信息检索

网络信息时代，信息检索是用户寻找、定位感兴趣信息的主要工具和途径，Internet 信息检索服务的质量决定了用户使用 Internet 信息的效率。但是目前，绝大多数的图书馆和搜索引擎等信息检索系统都没有考虑用户的差异。对于任何用户，只要输入的关键词相同，返回的检索结果就完全相同。而实际上，不同的用户由于背景知识、兴趣爱好等方面的不同，需要的信息往往是不同的。

由于一词多义现象的广泛存在，这些不同领域的内容，将混合呈现在搜索引擎返回的检索结果中。在信息量较少的情况下，这种不考虑用户差异的检索尚且可以接受，然而随着 Internet 信息量的迅速增加，这种不区分用户的检索服务必定会受到用户越来越多的不满。

个性化信息检索是这样一种检索，其工作是根据用户的兴趣和特点而开展，返回的结果也与用户需求相关。

个性化信息检索目前还没有成熟的系统问世，尚处于研究阶段。目前的个性化信息检索原型系统还比较简单，远没有达到理想的个性化水平。

3. 个性化网站

从某种意义上来看，网络经济就是"眼球经济"，只要抓住了用户的"眼球"，才有盈利的可能。退一步说，即使站点的生存不是靠站点本身获取的利润，用户的访问量仍然是衡量站点生命力的主要标志。吸引用户的注意力是站点设计者追求的永恒目标。由于在网络环境中用户进入和退出站点都只是举手之劳，因而，如果网站不能吸引用户的注意力，用户便会在顷刻之间离开网站。

增强网络站点对用户的吸引可以通过多种方式实现，其中提供更好的内容是一个很好的实现方式，这另一方面也是为用户提供一个能方便快捷地浏览感兴趣信息的途径，而这对于大型网站尤其重要。对于像 Yahoo！、Microsoft.AOL、Lycos、CNN 等大型网站，其中的信息包罗万象，而每个用户感兴趣的信息只是网站信息集合的一个很小的子集，这就使得用户需要花费大量的时间和精力才能从中找到感兴趣的信息。事实上，网站的信息与用户的理解和需求或多或少地存在偏差，它是网站设计者按照统一的理解组织的，因而用户沿着网站设计者组织的信息结构搜寻往往会难以找到所需的信息。用户难以迅速地定位感兴趣的信息必然会降低用户对网站的满意度，进而降低网站的访问量。

个性化站点指的是那些为不同用户提供相应内容和服务的网站。在该站点中,每个用户享受的都是站点为其专门定制的内容和服务,这种个性化的服务无疑会提高用户的满意度,进而增加网站的吸引力。

近年来兴起的电子商务站点,为用户提供了方便快捷的商品查找途径,这对网站站点显得十分重要。如果用户寻找感兴趣或想购买的物品需要的时间太长,则极有可能放弃浏览或购买;如果网上商店能够为用户提供高效的服务,则不但会增加销售量、提高用户的忠诚度,而且还能将潜在的客户转化为实际购买的客户,扩大客户群。20世纪90年代后期,电子商务站点的个性化,也受到了广泛的关注。电子商务网站可以通过用户的浏览数据、购买记录和其他信息,挖掘出用户的兴趣和偏好,向用户提供个性化的购买页面、产品新闻、广告和促销等。目前,很多的电子商务网站都提供由用户定制的个性化购买页面。

对于数字图书馆而言,现在很多数字图书馆的网站都提供了 My Library 个性化的网站,提供个性化服务。

四、高校图书馆个性化信息服务的内涵与基本特征

(一)高校图书馆个性化信息服务的内涵

图书馆不仅是现代科学技术信息荟萃的殿堂,也是文化传承的重要场所,在高等教育中发挥着巨大作用。图书馆是学校的科学研究、人才培养的重要支撑,是广大师生的学习、教学、科研的坚强后盾。

学生和教师是高校图书馆的服务对象的主体。作为身兼教学和科研双重任务的高校教师,需要有系统、专业的信息为其承担的科研项目做理论支持,图书馆可以为其提供最新的学科动态信息,以支持其在研究过程需要信息储备。对于正在学习的学生来说,图书馆可以为其提供大量的参考资料来满足课堂学习的不足,扩大了知识面的同时,也为将来的工作和自身修养储备能量。

高校图书馆在网络环境下的个性化信息服务,指的是用户为满足学习、科研的特定需求,借助网络环境下系统提供的工具构建个人馆藏;同时,系统也可以根据用户的兴趣、专业或学科领域,对其基本信息进行分析,主动、定期地为其推送信息服务。

（二）高校图书馆个性化信息服务的基本特征

1. 服务目的更明确，针对性强

高校图书馆面对的服务对象是在校的广大教师和学生，这一特定的服务对象使其服务的针对性也非常明确。服务对象因其身份、层次的不同可以分为很多种，比如，因其任务不同教师就可分为分职、科研和身兼教学与科研双重身份的教师，还有教辅人员。身份和层次的不同，就造成了需求不同，随之对应的服务也会有所区别。所以，图书馆服务人员在为用户服务时，要明确服务对象，有针对性地为其服务。

2. 服务更具有专业性

高校教师因其专业不同、学科背景不同以及利用图书馆的目的不同，图书馆服务人员在为其服务的时候，更需要具备针对其专业或相近专业的知识。专业性在高校图书馆为用户提供的个性化信息服务体现得更强烈。

3. 服务方式多种多样

传统的图书馆提供给用户的基本上是以纸质信息为主，而网络环境下提供给用户的资源形式是多种多样的，除了纸质资源，还有 E-mail、电子版的文档，或者服务人员和用户利用 QQ、MSN 等方式进行实时交互。这些多种多样的服务方式为用户获取信息服务提供了便利。

第二节　个性化信息服务问题与对策研究

在人工操作的面对面服务时代，高校图书馆面向大众用户提供信息服务，没有对个性化提出特别的需求。针对某些特定个别用户，图书馆也提供诸如代查、代译等较为普通的"个性化"服务形式，但这种服务的受众较少。如果一味因循守旧，必然不能适应时代的发展要求。更为严重的后果是，必然会阻碍的知识的传播，不利于对高校图书馆用户群体获取知识以及学习研究。因此，高校图书馆的个性化信息服务探究有重要的意义。

一、高校图书馆个性化信息服务存在的问题

（一）信息资源建设问题

信息资源建设是个性化信息服务的前提。一个个性化的信息服务系统无论其技术

多么先进、功能多么强大，离开了充分的信息资源作保障，都不会吸引用户，不会获得成功。从个性化的角度来说，就是要创建以用户为主导的信息资源环境，用户需要的信息能够充分有效地得到保证。

信息资源是指反映信息的各种载体和媒介及它们所构成的互动关系的整体，它已不再是传统意义上的藏书规模，它还包括追求实效的网络动态信息以及光盘等电子出版物。当前，高校图书馆收藏的文献资源基本上建立了比较完备的书目数据库，而且也购买了相当多的数据库，丰富了馆藏。实践表明，信息用户在科研及工作中所需要的数据和参考文献等信息，不论是传统藏书，还是网络资源都难以全面满足。图书馆应该充分利用长期积累的信息资源，利用自身在信息的收集、处理和检索的经验，结合网络技术，开发出集实用性、综合性和专业性为一体的动态信息资源体系。另一方面，图书馆还有必要依托文献资源，进行深入加工，从文献整体转向知识单元的提供，结合用户需求确立主题，建立自己的特色数据库，并根据用户需求随时予以更新。只有信息资源建设具有个性化，数据库建设个性化，才能真正开展个性化的服务。

图书馆要本着针对性、完备性及准确性的原则，来建设和组织信息资源。在引进资源数据库、电子出版物时要建立完善的评价和筛选机制，确保它们是高质量的，是切合实际需要的。网络信息资源的组织和挖掘将是数字图书馆工作的重点，在充分分析本馆用户需求特点的基础上，对网上信息资源进行收集、分类、整理，建设本馆的虚拟馆藏，科学地组织资源导航系统。在组织"资源链接"时，应密切关注所链接的资源的运行状况，保持其准确性，防止因网站更新而出现"死链接"的现象。对于有较大价值的信息资源，应像馆藏文献资源一样考虑将其永久存贮，将其下载到本地存储设备，供用户反复利用。高校图书馆在信息资源建设时，还应积极引导用户参与资源建设，保持与用户的交流，接受用户的推荐和反馈，允许用户将自身需要的、不在模板中的信息资源添加到个人资源或链接当中。

目前，虽然大多数高校图书馆业务进入网络化，但是，在网络环境下，信息服务大同小异，不外乎馆情介绍、书刊检索、网上阅览、告示等方面。即使有的主页上有些读者咨询的内容也比较分散、不系统。网络环境下的信息服务只是传统的信息服务的"克隆"，即把原来非网络环境的信息"移植"到网络上。许多高校图书馆没有把整个网络资源置于图书馆视野之下考虑，缺乏对网上资源的重视。至于如何把网络信息和图书馆的文献资源建设结合起来，把网络信息资源服务和图书馆读者服务结合起来，把网络信息、资源服务和个性化信息服务结合起来，这样的实践活动更少。

（二）管理机制问题

管理机制对网络环境下高校图书馆的影响有以下几点：

第一，国内的图书馆管理体制存在结构缺陷，宏观调控不健全，我国的资源共享进展缓慢，难以实现网络环境下较理想的信息服务合作。

第二，现行的图书馆管理机制缺少活力，难以开展个性化信息服务。大部分的高校图书馆都是提供无偿服务，缺少发展的动力。在进行图书馆定位时，往往考虑的多是硬件的建设，而忽视了对用户的需求分析，难以开展用户需求的个性化信息服务。

第三，网络环境下，图书馆信息服务的开展没有良好的管理对策，信息服务质量好的评价没有统一的标准，图书馆服务人员缺少开展主动服务的动力，难以开展更好、更有效的个性化信息服务。

总而言之，目前的图书馆管理机制限制了信息资源共享的建设，缺少激励体制和管理体制，不能促进个性化信息服务的开展。

（三）服务问题

1. 信息服务观念问题

（1）重视资源，轻视服务

图书馆的传统服务观念在"重资源，轻服务"。高校图书馆在数字图书馆建设方面仍然受到这一观点的影响，从一些各高校图书馆网站的主页就可以明确看出。馆藏文献资源和各类数字资源突出地展示在图书馆的主页上，其他信息服务或位置不明显，或设置在二三级目录里。图书馆提出了"以人为本，服务至上"的服务理念，意识到了信息服务的重要性，开设了科技查新、咨询服务、代查代检等服务。但是受传统服务观念和重视服务的时间不长的影响，服务的深度不够和质量不高等问题也非常明显。

2. 个性化特征不突出

目前，图书馆开展的网络环境下的个性化信息服务，仅仅表现为简单的信息推送，属于较低层次的信息服务，给用户提供的信息服务是共性的，面对的不是个人而是群体，并且这些服务在同一层面上，标准性强，用户不仅需要对信息进行选择，更需要鉴别正确与错误、有用与无用。图书馆工作人员不仅需要树立个性化信息服务理念，更需要了解用户信息需求，只有这样才能为用户提供有针对性的服务。

3. 信息服务人员问题

在网络环境下，越来越多的个性化信息服务被用户需要，反而对传统的文献借阅服务的依赖越来越少。用户希望工作人员可以给予他们提供具有高知识含量、解决较深层次的问题的服务。为满足用户的服务需求，这就需要工作人员学识广博，熟悉各学科知识。同时，还需要有熟练的信息技能、检索网络信息的方法和技巧，掌握了这些，才可以熟练地分析、整合、综述信息。

担任个性化信息服务的人员需要熟悉本馆的基本情况，协调能力强。就目前来说，各高校一般是由具有高级职称的工作人员担任，但是其技术水平不高、知识面也比较单一，以及科研活动需要涉及的技术、信息分析的能力和学科知识都很匮乏。这些缺点就导致了信息服务人员很难收集到高质量的信息资源。而维护、更新个性化信息服务系统需要大量的服务人员，人员少工作量大，直接导致信息的深层次服务很难进行。

4. 信息服务反馈问题

用户对信息服务进行反馈是图书馆进一步开展个性化信息服务的依据之一，也可以作为图书馆工作质量的一个评价标准。目前，高校图书馆对信息服务的反馈比较重视，用户可以通过专门的意见信箱反馈，也可以通过电子邮件的方式进行反馈，方法多样、灵活。但是，用户反馈的信息有时候涵盖的内容不全面，或者图书馆对得到的反馈信息处理的不及时、不正确，有关问题得不到及时调解，往往容易失去用户的信任，不利于个性化信息服务的发展。

（四）支撑技术尚不成熟

图书馆个性化信息服务建设，必须以强大的计算机技术作为最基础也是最重要的保障。在信息时代，各种支撑技术不断发展，但是在这个进步的过程中，所出现的一些问题依然不能忽视，例如，在生成相对完整的方案知识的方法和技术还不成熟，存在若干的难点，如：人类大脑融合信息、激活知识的机理还没有被人们掌握，从定性到定量再到定性的综合集成的方法、系统辨识方法等还不成熟；信息融合技术、信息建模技术、服务集成技术、知识表达技术、知识挖掘技术、经验建模技术、客户关系建模技术、知识推理技术、智能推拉技术等，在短时间内还不能普遍应用。因此，个性化信息服务的研究依然任重而道远。

（五）个性化信息服务系统建设问题

目前，大部分的高校图书馆都建立了自己的个性化信息服务系统（我的图书馆），一般都存在以下几个问题：

1. 缺乏自身特点、资源范围有限

国内大部分图书馆的个性化信息服务系统，都是在借鉴国外较成熟的模型的基础上建立起来的，功能、界面等也只是简单的"复制"，缺乏自己鲜明的特色。目前各个高校的图书馆是"各自为政"的，联系不够紧密，这就使得个性化信息服务系统提供的服务仅仅局限在本馆内，这就大大增加了用户获取信息的局限性。因此，就需要结合高校用户的特点建设实用的服务系统。

2. 系统服务功能不全、层次深度不够

很多高校图书馆的个性化信息服务系统，普遍存在着功能不全、层次不深的问题。系统的服务大部分集中在新书通报、读者荐购等简单的方面，而较深层次的服务象推送服务、信息定制、页面定制、资源管理等却缺失，即使有像图书定制这样的服务，也只是停留在简单的推送服务上，忽视了对用户满意程度的反馈，这样就不能给用户提供深层次的服务，也就在一定程度上，限制了个性化信息服务的开展，不能实现真正的个性化信息服务。

3. 系统与其他系统的集成不够

大部分高校图书馆的个性化信息服务系统是独立存在的，缺少与图书馆电子资源系统等的集成，用户只能检索图书馆的馆藏，却无法利用系统检索图书馆的电子资源。因此这种孤立的系统无法满足用户的个性化信息需求。

4. 系统的知识版权问题

个性化信息服务的开展会涉及大量信息资源和电子文献的处理、下载，虽然图书馆购买了一些电子资料和数据库的使用权，但是还是应该进行版权公告，防止版权纠纷问题的产生。但是通过调查发现，图书馆对版权问题的声明还没有足够的重视，只有很少的图书馆进行了电子资源版权公告。

综上所述，高校图书馆个性化信息服务的开展面临着很多问题，这就需要图书馆服务人员能够好好地分析这些问题，找出解决问题的方法，从而更好推动个性化信息服务的开展。

二、高校图书馆个性化信息服务的发展对策

（一）强化信息资源建设

信息资源是个性化信息服务的基础，图书馆应该从强化信息资源内容建设、改进信息资源的整合与组织和促进共建共享三个方面着手。

1. 强化信息资源内容建设

在网络环境下，图书馆的信息资源结构发生了巨大的变化，实体馆藏资源和网上信息资源共同构成了图书馆信息服务的资源基础。强化信息资源内容建设是网络环境

下,高校图书馆发展馆藏的必然发展趋势。总体来说,主要从以下几个方面进行:

一是要建立特色数据库。建立具有馆藏特色的数据库,有针对性地实施定题信息服务,可以节省用户检索信息的时间,并满足其最大需求。高校图书馆应结合学校重点学科的研究方向以及用户信息需求的重点,选择某些具有地域、专业、人文等特色的资源,整合馆内已有资源,建立相关的专题数据库。图书馆在确定建立某种数据库之前,要对图书馆领域数据库开发现状及用户需求进行全面的调查研究,在此基础上聘请相关专家与本馆专业人员,根据本馆的馆藏特点及用户群的需求特点,对建立某学科、某专业的数据库进行科学论证。在确定建设某一特色数据库后,图书馆就要加大投入,持之以恒地进行开发建设,使数据库在内容方面具有系统性、完整性和特色性,同时还应注意数据库的更新,以保证数据库内容的新颖性、时代性,只有这样,才能适应用户的个性化信息需求。

二是要建立专业导航数据库。由于网络信息资源的高速膨胀,现有资源数量巨大,来源分布也很广泛,这些都导致了网络资源处于一种高度无序的状态,用户要高效准确地找到所需的专业知识变得越来越困难。因此,高校图书馆应当注重对网络资源的收集整合,加强虚拟馆藏的建设,把网络资源按专业等分类导航,并建立基于专题的信息库。通过对网络上某一专业领域的信息进行收集整理和有序化的资源重组,建立服务于特定用户群的信息资源导航系统,这就为广大师生利用网络信息资源提供了方便快捷的途径。同时,由于高校图书馆网站应该包括图书馆为用户提供的各种信息服务以及图书馆的数字资源。这些数字资源应该包括馆内所有的网络数据库、电子期刊、新书书目、更多图书馆的链接、网络信息资源的导航等。针对有关教学科研任务的高校师生用户群,图书馆网站对网络资源的组织整理应着重突出学科导航系统的专业性。

三是要扩充馆藏全文数字化资源。全文数字化技术发展很快,给在校师生的教学研究带来了很大的便利。发展馆藏数字化资源,首先应当充分利用已有的数字资源进行个性化服务,如中国学术期刊全文数据库、维普资讯数据库、全国报刊索引数据库、人大复印报刊资料数据库、中文社科篇名数据库、万方数据库、中国科技论文数据库、中国科技引文数据库、学术成果数据库、专利数据库等。应针对每个用户对文献信息的不同需求,从这些数据库中获取相关数据,提供给用户使用。

2. 加强信息资源的整合与组织

图书馆应当加强信息资源的整合,具体来说主要包括两个方面:

资源整合。所谓图书馆的资源整合即对现有的信息资源进行分类整理,形成一体化的集成信息系统。该集成系统的目的在于集成不同的数据,形成一个方便用户使用的整体。这个系统不仅要整合数据库系统中的数据，而且要整合不是数据库系统中的数据，应当能整合多种数据源，比如说音频或视频等多媒体数据。而且随着数据的加入，应当能整合这些新加入数据源中的数据。目前，信息资源整合主要有两种方法：虚拟信息整合方法和数据仓库方法。

服务整合。服务整合主要包括整合用户信息和整合反馈信息。整合用户信息是指构建有效的用户个人信息库。整合反馈信息是指对系统反馈信息进行提取，通过关联分析、知识挖掘、智能处理等知识处理方法，对系统反馈信息进行加工，以此来作为个性化服务的改进依据。

另外，在个性化信息服务中，整合的信息往往会被分类加入各类模板中。这些模板的生成要依据用户细分的原则及资源之间的内在联系来组织的。所以在信息资源建设的同时，图书馆可以积极引导师生参与资源的建设，利用反馈信息，了解用户的想法，及时对资源建设进行调整。甚至可以允许用户根据自身需要，把不在模板中的信息资源添加到个人资源或链接中，从而更好地整合信息资源。

加强信息资源的组织，首先应当明确个性化信息服务对信息资源组织的要求。相对于一般的信息服务，个性化信息服务在信息资源组织的要求有很大不同，其对信息内容、导航与界面都提出了新的要求。在内容上，要求信息内容深度和广度要适宜、保证内容清晰易理解、内容针对性要强并有很好的开放性和高度的柔韧性；在导航系统上，要有对信息的权威导航与评估能力、能够基于内容的信息资源跨平台无缝链接和具有细致合理的分类以及友好的用户界面等。

其次，采取合适的信息资源组织模式也十分重要。图书馆采集引进的各种数据库、电子期刊库等电子资源分布是成离散状态的，而且大多是根据数据库提供商编排的检索系统组织的，用户可能不适应其规定的检索方式。因此，高校图书馆有必要根据本校的学科专业特点、师生反馈的信息需求，对已有的数据库及电子资源进行整理和分类，建立一个数据齐备、内容丰富、检索界面友好且检索功能强大的数据库导航系统和电子期刊导航系统。另外，图书馆应根据本校师生特点，对网络信息资源进行收集整理，建立本馆的虚拟馆藏、组织资源、导航系统等。在按专业特点组织相关链接时应密切关注所链接资源的运行状况，如链接资源发生变化，应及时更改链接地址，保持导航资源的准确性。对于某一专业或领域有较大价值的使用频率非常高的信息资源，可考虑下载到本地，将其按馆藏文献资源一样分类保存，方便用户多次使用。

3. 促进共建共享

资源的共建共享有利于节约人力物力，最大限度地发挥信息资源的作用。促进资源的共建共享首先是实现校内各部门之间资源的共建共享。目前的现实是，因为院系认为图书馆所提供的资源专业性不够，因此建立了一些满足自身专业需要的小图书室或资料室。在很多高校，图书馆与这些院系的资料室各自为政，对信息资源的建设与采集呈分散状态，无统一制度，在对信息资源进行建设时没有经过统一的规划和组织部署。这种分散的局面导致图书馆与院系资料室对某些专业性较强的资源或交叉学科在资源建设上产生重复，浪费了人力物力，而且图书馆和院系的资料室在信息资源上没有形成共享，导致资源利用率低下。因此，应加强图书馆与各院系之间的合作，加强资源的共建共享，让所有人都可以通过图书馆得到全校的现有资源，使图书馆真正成为全校的信息服务中心。

另一方面，应当促进馆际共建共享。一个图书馆的资源毕竟有限，为了满足所有用户的需求，馆际合作服务能提高图书馆服务的能力与水平，使服务内容更加丰富全面。在网络环境下，图书馆之间协作与交流的重要性将日益突显。加强图书馆之间的协调与合作，图书馆发挥各自文献资源的优势，按照学科门类联合开发馆藏资源，增加数据库的容量，扩展服务的覆盖面，实现真正意义上的信息资源共建共享，使读者可获取的信息资源更加丰富。

（二）完善个性化信息服务管理机制

建立完善的图书馆个性化信息服务机制，对图书馆的发展起着很重要的作用，它能够促进图书馆个性化信息服务的发展，服务机制的建立包括两个方面：

1. 健全宏观调控机制，建立馆际共享

针对我国图书馆缺乏宏观调控机制的问题，在全国范围内建立一个权威组织，来协调图书馆的发展，促进馆际资源共享的开展。加强 CALIS 与各高校图书馆之间的合作，建立高等教育数字图书馆为核心的文献保障体系，提高服务水平，为个性化信息服务的开展提供一个良好的信息资源环境。

网络环境下的馆际共享，已经不仅仅是纸质文献资源的共享，还包括网络资源和电子资源的共享。馆际共享使得所有图书馆处于同一的资源平台，成为一个有机的整体。图书馆之间不但可以实现资源共享，而且还可以实现服务共享。整合各个图书馆的资源、人才优势，利用丰富的资源和先进的技术为用户提供及时的、正确的、方便的和交互的信息服务。

2. 健全图书馆运行机制

图书馆的发展要跟上时代的脚步，必须建立起符合新环境特点的运行机制。因此，为了提高图书馆服务质量，就需要增强图书馆的管理手段和服务意识，建立统一的评价体系，调整部门之间的结构，加强部门之间的合作，将服务、科研、培训等融为一体，对图书馆的服务质量进行跟踪评价，对用户的信息需求进行调研，并且建立服务人员的激励体制，激发服务人员的服务动力，真正将图书馆自动化、主动化、全面化的个性化信息服务提供给用户。

良好的管理体制可以更好地促进个性化信息服务的开展。因此，图书馆良好体制的建立，需要国家有关部门、各个高校以及图书馆的共同努力。

（三）改变服务观念，提高服务人员素质

树立"以人为本，用户至上"的人文关怀服务理念。对图书馆的个性化信息服务积极有效的开展非常有利。"以人为本，服务至上"是指将用户的需求放在首位，以完成此目标为工作的根本目的，一切为了用户、方便用户，为用户提供最大化和最优化的服务。传统的服务模式被个性化信息服务改变了，这种服务是"一对一""点对点"的服务，以知识单元提供的文献资源为主，要求较高的信息准确性。

丰富的知识和道德修养是个性化服务的。专业性和学术性要求服务人员具备的基本素养要满足用户的服务需求，服务人员要具有较强的信息分析能力和语言能力，为用户解答各种问题；要拓宽知识面，加强学习，尤其是图书情报方面的相关知识；掌握熟练的信息技能，能够对信息分析、整合、综述，可以掌握各种信息的来源和检索方法。服务人员只有具备了这些，才能提高服务层次，为用户提供明显的个性化信息服务。

"学科馆员"是在图书馆服务人员技术水平不高、知识面比较单一、信息分析能力差等问题下，产生的一种专门的个性化信息服务人才。"学科馆员"指的是图书馆设专人与某一个院系或学科专业作为对口单位建立联系，在院系、学科专业与图书馆之间架起一座桥梁，相互沟通，为用户主动地有针对性地收集、提供文献信息服务。这种服务人员需要具有一定的外语水平、熟悉图书馆业务、熟练的计算机操作能力、学历和职称较高、文化底蕴深厚、语言能力较强，能够有针对性地为教学、科研提供有力的帮助。培养个性化信息服务人才的任务比较艰巨，需要的时间也很长。为应对人才的缺乏和服务的不足，可以聘请本校一些造诣较深的专家暂时承担，实行外聘兼职"学科馆员"制度，为培养个性化信息服务人才争取时间。

（四）提高信息获取质量

前面对信息资源建设的重要性做了较为详尽的阐述，可见提高信息质量的重要性和必要性。图书馆在用户定制信息服务后，往往缺乏对用户反馈意见和使用心得的重

视程度,没有将个性化深入化。反馈模块的缺失使得个性化服务系统不能准确的获知用户的满意度评价,严重阻碍了系统的进步与升级,同时,缺乏反馈是与个性化、人本化背道而驰的,可见建立反馈机制迫在眉睫。另外,在不同的时间序列阶段,或者是由于用户研究重要性的不同,会导致用户在不同阶段的偏好发生变化,这也有可能使已经建立的用户需求或搜索模型在准备反映用户信息需求方面存在障碍。长此以往,必然会导致推荐给用户的信息质量不高。这是一个令人担忧的恶性循环,最终会严重打击用户的使用兴趣,对个性化信息服务失去信心。因此,不高的信息质量会导致现有用户的流失,更会由于口碑作用丧失对新用户的吸引力。因而,在个性化信息服务建设的任何阶段,都不能在信息的开发方面放松警惕。持续不断地为用户提供优质的个性化信息是图书馆不变的追求与努力的方向。高质量的信息往往包括以下要求:

第一,针对用户。个性化信息质量建设过程中,最基本也最核心的一点就是要围绕用户展开,时刻针对用户个人需求。

第二,新颖。与时俱进,及时更新是个性化信息服务建设的生命力所在。

第三,准确。个性化信息的内容一定要准确无误,真实可靠。尤其是有关数据,文献等专业性较强的信息资源,更要充分保证其权威有效性。

第四,全面。个性化信息服务建设要满足用户的"T"型需求,在针对个性化要做到专业的同时,也要注重个性化专题信息的全面性,力争能够给用户呈现出专业领域相关的方方面面的内容。

第五,深入。这是信息服务专业化的重要体现,也是个性化信息服务建设过程中较高层次的要求。图书馆要本着为用户节省时间的原则,将符合用户定制需求的信息以板块而非整体的简洁形式推送给用户。

(五)加强个性化信息服务系统的建设

个性化信息服务系统的建设,是一项可以促进个性化信息服务系统向更深层次发展的重要措施。因此,必须加强个性化信息服务系统的建设。

1.要建立、健全个性化信息服务系统

个性化信息服务系统必须能够提供给用户灵活的个性化页面定制选择模板;能提供丰富的系统资源便于检索和定制;具有丰富的系统功能,提供全方面的系统服务;能够保护用户的隐私;能实现与其他资源系统的自动化集成,减轻用户的使用负担等。

因此,在系统建设过程中,要注意以下几个方面的问题:

一是要求系统界面的设计简单、自然,能直观、清晰地表达意图,使用户一目了然。

二是要整合资源,利用各种技术手段,将个性化信息服务系统与各种网络资源进

行整合，按照相关的方法进行分类，方便用户的定制和检索。

三是要丰富个性化信息服务系统的功能，为用户提供本领域、本专业、全面的信息需求。建立专业的导航系统，采用有效的组织形式将搜集到的与本专业相关的信息资源系统化，集成必要的服务工具，建立有序的信息空间，提供良好的检索界面和功能。之后，建立和完善个性化信息服务系统提供的信息推送、定制以及与用户的交互功能，使个性化信息服务系统既能提供用户选择的服务的同时，又能使用户进行信息的选择和管理，同时通过交互，及时地解决在使用过程中遇到的问题，提供具有较大价值量的服务。

四是要给用户选择权。能够选择自己需要和感兴趣的服务方式，将某些不需要的服务进行禁用，只有经过用户允许后，才能提供主动的信息推送服务。

2. 加强系统的安全建设，保护用户的隐私

个性化信息服务的开展，需要收集用户的信息，方便系统给用户推送个性化信息，因此，系统安全性的建设就显得尤为重要。系统的安全性建设可以通过以下途径：

一是改变目前图书馆采用的利用 IP 地址认证确认用户的方式，采用更为安全的用户身份认证、授权登录等方式，从技术上保证用户的信息和数据安全。

二是采用数据加密技术，对用户的相关信息和数据进行加密，防止在使用过程中出现泄漏现象。

三是采用相关的隐私保护工具限制用户数据和信息的公开程度，对用户的数据和信息进行安全的管理。

四是制定完善的保护政策，开展隐私保护教育，提高用户的保护意识，杜绝用户信息的滥用、丢失、误用和恶意盗用等非法现象的发生。

这些方式的开展，可以在一定程度上确保用户信息的安全，可以获得用户的支持和信赖，这有利于个性化信息服务的推进。

总之，高校图书馆个性化信息服务的建设会遇到很多的问题，这就需要图书馆服务人员能够转变服务观念，提高自身的素质，树立良好的服务理念，积极寻求符合本校特点的信息服务模式，解决个性化信息服务开展建设中遇到的各种问题，努力提高图书馆的服务质量，为高校师生的教学、科研提供良好的信息服务，使图书馆在激烈的服务市场中立于不败之地。

第三节　高校图书馆个性化信息服务系统模型构建

社会各行各业都在追求个性化，个性化的信息服务是当今图书馆发展的一种新型服务模式，其服务针对性强、效率高等特点，注定成为未来高校图书馆重要的发展内容。轰动当世的大数据技术，可以解决目前高校图书馆个性化信息服务中存在的一些问题，但目前受经济、政策以及信息资源的影响，国内高校图书馆对大数据的研究仍仅局限于初级理论阶段，还没有投入到实践中。理论上图书馆利用大数据技术可以从大量复杂用户信息数据中挖掘潜在价值，可以建立图书馆各服务与业务发展的风险模型预测，还可以根据用户行为信息得出用户价值取向，或者用户流失等原因分析，帮助图书馆建立用户需求资源库，智能化搜索引擎等。技术的应用前提是，首先图书馆要收集大量数据资源，在安全可靠环境下对信息进行深度挖掘处理，借助个性化信息服务系统来实现。

一、大数据时代高校图书馆个性化信息服务系统可行性

（一）丰富的数据来源

大数据挖掘分析技术应用前提是，拥有一定量级的数据资源才能得出理想结果，随着网络技术和社交网络的发展，图书馆利用微博、微信、论坛等形式加强用户之间信息交流产生大量记录数据，同时用户对图书馆网站浏览产生海量数据，用户借阅信息、资源检索下载，甚至用户浏览网站时间长短等数据都被跟踪记录，因此图书馆除大量纸质文献外，还应拥有丰富的电子资源和网络资源。因此将大数据挖掘分析技术引入图书馆个性化信息服务，存在一定的可行性。

（二）实时了解用户信息需求

提供个性化信息服务关键是了解用户信息需求，只有对用户产生的大量信息行为进行分析，才能得出用户正确实时信息需求。高校图书馆服务对象大部分是在校师生，用户个性化信息需求根据其研究课程等要求，一段时间内变化相对较快，怎样及时掌握用户变动的信息需求，为用户提供实时需求信息，是个性化信息服务面临的挑战。图书馆通过跟踪用户上网行为信息，例如，检索关键词、浏览记录等，可以记录其实时信息行为，借助大数据挖掘分析技术，从用户信息行为中得出用户实时信息需求与潜在信息需求，为用户提供针对性强的信息，提高个性化信息服务质量。

（三）明确用户身份

理论上可以通过网络数据挖掘发现用户的信息行为，得出用户信息需求模型，为用户提供个性化信息服务。忽略了个性化信息服务是针对具体用户提供的，所以首先要明确服务用户身份，以保证服务针对性。高校图书馆用户多是本校师生，由于版权保护、经费等原因，用户登录个性化信息服务系统时，首先要在图书馆进行注册，使用唯一识别的学号、工号为账号避免重复，这样每位用户身份识别可以通过账号来定位，网络挖掘的数据信息也由账号作为关键字段，这样挖掘分析得到的用户需求模型可以轻易地确定用户身份信息，从而明确为用户提供个性化信息服务。

二、大数据时代高校图书馆个性化信息服务系统构建

（一）系统构建目标和模型

个性化信息服务系统是在高校图书馆信息服务平台的基础上，通过不同数据仓库获取的用户使用痕迹、用户检索记录等，并应用Web数据挖掘技术，获取此时此刻相对准确的用户信息需求，以便有针对性地完成高校图书馆信息资源的推送服务。个性化信息服务系统模型的目标是获取用户实时的信息需求，其功能包括整合和规范数据、数据分析和信息推送等。

（二）个性化信息服务系统模块功能

1. 数据集成模块

该模块主要是为下一步的数据规范化做准备。在逻辑层面上，该模块将从各种渠道获取的、格式不一、含义各异的数据记录进行系统集中。高校师生的信息行为数据分散于高校图书馆的信息系统、馆藏电子资源数据库、校园网等处，数据集成模块就是要完成对所有这些分散数据的链接工作。

2. 数据规范化处理模块

该模块流程图如下，其主要目的是规范处理上一步集成后的数据，使其适用于数据分析相关算法。

合成记录→数据规约→数据处理→数据变换

第一，合成记录。高校图书馆所使用的自动化系统由各种软件开发商提供，它们各自所属的系统数据库的数据表述格式和形态都不一样，因此高校图书馆有必要进行相应的合成，该模块通过将各个自动化系统中的用户行为信息以唯一的符号格式来表示，从而实现跨系统的记录合成。针对本校师生，这个唯一的数据库表述符号可以用

读者编号来表示，因为他们事前都办理过图书馆借阅证，会得到唯一的读者编号，因此其可以作为标记该用户的跨数据库标识符。

第二，数据规约。该功能是专门对含义相同但是标识名不同的数据，进行统一的规约处理，目的是最大限度地让数据管理清晰化，为准确的数据分析工作扫除障碍。所谓"含义相同但是标识名不同的数据"，举个简单的例子，就是在高校图书馆的读者信息库性别标识为"男"的，在校园网的用户口志里标识为"Male"，因此在客观上会造成歧义，这也就有必要进行数据规约。

第三，数据清理。该模块的目的是实现对噪音数据、污染数据以及错误或不一致数据的清除。用户在不同数据库的记录经过了合成以及数据规约处理后，将汇集到同一字段值中，但是这部分字段还存在属性重复的情况，这时就仅需保留一个屈性值，而将其余的剔除；同时，字段值中也会出现缺漏现象，需做适当地补充；对于出现错误的数据，需及时更正；对于实数形式的字段值，需做离散处理。

第四，数据变换。该模块主要是将各种格式的数据统一转化为适用于下一步信息分析算法所需要的数据格式。不同的信息分析算法，都有其适用的数据格式。该模块通过各种方式，比如数据概化、平滑聚集等完成数据的变换。

3. 信息分析模块

高校师生在信息资源获取和利用的过程中，会产生三种信息的格式：结构化、半结构化以及非结构化信息。

（1）结构化信息

用户在接受高校图书馆提供的信息服务时，相应的数据库会在图书馆回复用户信息咨询，以及对用户提交的服务进行反馈的过程中，以表格化的形式，即以结构化的数据格式存储相关的记录，那么这部分数据由结构化数据分析模块负责处理。

（2）半结构化信息

用户通过网上搜索引擎进行信息检索，会在相应的服务器日志上留下使用痕迹，这部分信息由网络日志分析模块负责处理。

（3）非结构化信息

用户通过移动终端向微信朋友圈等社交网络发送信息请求时，这部分数据就由移动信息分析模块进行处理。结构化信息分析模块的目的是根据不同的用户信息行为，将其细化成以"粒度"为单位的数据，从而精确区分不同用户近似信息行为的信息需求的差异。考虑到结构化数据的格式规范且固定，因此该模块只需在上述步骤的基础上，即对经过合成和规约的相关数据再进行必要的聚类和分类即可完成。

网络日志分析模块通过对用户访问互联网的使用痕迹进行分析，获取用户实时的信息需求。该模块的流程分为三大步骤，最终的目的是提升系统的响应速度，最大限度地降低海量的数据规模，采取的途径是通过区分用户身份，过滤掉无关用户的信息需求数据。互联网的用户信息行为具有一定的特征，若用户对某一页面的访问频率较高，或者是说停留的时间较长，就从一个侧面反映了该页面对该用户有十分重要的意义。

目前，国内高校范围内智能移动终端设备已经普及，高校图书馆也与时俱进地推出了微信、微博等服务方式，借此吸收用户的行为痕迹，以便进行信息挖掘，为个性化信息服务打下了基础。

4. 信息匹配模块

该模块是高校图书馆工作人员在获取实时的用户信息需求的前提下，对需求进行分类，根据不同的需求，找到对应的馆藏资源和网络信息资源，采取因人而异的服务策略，实现真正的"个性化"信息服务。

5. 信息推送模块

该模块通过以下三种信息推送方式，因人而异地实现精准化的信息推送服务。

第一，当用户在需要借阅或使用相关书籍、电子资源时，尚未发现对自己可能更有价值的一些信息资源时，那么此时该模块就会在对其他用户信息选择的数据挖掘的基础上，自动地、有针对性地为该用户推荐一些信息资源。

第二，在用户使用高校图书馆的微博、微信等服务时，该模块会尽快地分析出用户的需求，然后，进行相关的信息资源的推荐提示。

第三，针对用户所使用的不同移动终端的类型或者所在位置，及时地向用户推送其订阅的相关资源。

6. 用户使用评价模块

该模块主要是通过系统后台，收集每一位用户对每次接收到的高校图书馆个性化服务推送的信息资源所反馈的评价信息。该模块可为高校图书馆工作人员修正相关的数据分析算法，为提升个性化服务效能提供重要的参考依据。

三、大数据时代图书馆个性化智慧服务体系的构建

（一）基于大数据的图书馆读者个性化智慧服务体系架构

依据图书馆读者个性化智慧服务的目的、内容、方式与过程，本文设计了基于大

数据的图书馆读者智慧服务体系架构。该体系架构主要由感知层、传输层、平分层和应用层四部分组成。感知层主要由系统监控设备、RFID 设备、视频与图像采集设备、网络监控器和传感器等组成，对读者个性化智慧服务的应用模式、服务过程、读者阅读收益和用户反馈进行数据采集和标准化，将用户阅读行为和服务有效性信息进行数字化表现。传输层可根据感知设备所处的位置和与图书馆数据中心之间距离，利用光纤线路、无线传输信道和计算机通信网络，将感知层采集的数据安全、准确、快速、经济地传输至图书馆数据中心系统平台层系统设备位于图书馆数据中心内部，分别由数据中心基础设施平台、大数据管理与应用平台、读者个性化智能服务平台组成，主要负责完成读者大数据资源分析、用户个性化服务需求预测与评估、个性化服务提供与管理等任务应用层依靠平台层提供的数据基础，以实现图书馆的大数据分析与决策、系统智能化管理与优化、用户关系管理和个性化需求预测，以及读者个性化智能服务的提供、保障、管理和完善工作。

（二）基于大数据的图书馆个性化智慧服务可用性保障

1. 图书馆智慧服务过程应加强 CRM 的应用

图书馆在智慧服务过程中应加强 CRM 的应用，才能全面、准确地获取读者类别、阅读忠诚度、潜在用户、读者阅读关系和智慧服务有效性数据，为智慧服务可持续发展提供可靠的理论依据和大数据支持。

首先，图书馆应通过 CRM 的应用不断发现、挖掘个性化智慧服务的潜在客户。通过建立用户智慧服务的数学模型，对读者智慧阅读的内容进行迫切性、可靠性分析，并根据判定结果，将读者划分为不同的优先发展等级，在策略制定和资源分配上向潜在客户倾斜，实现读者群质量增强和数据扩展。其次，应通过对读者阅读活动相关数据的挖掘，查找出读者流失和阅读忠诚度下降的原因，并制定相应的管理策略来维护读者群体数量稳定。同时，应根据读者的学历、阅读需求、阅读习惯、性别、年龄和职业特点，将用户划分为不同的读者群体并提供相应的智慧阅读服务，提高智慧服务的个性化水平和用户满意度。第三，对读者智慧阅读服务统计数据分析可得出，近 30% 的超级读者享受了图书馆 70% 的智慧服务资源，并决定了图书馆智慧阅读服务的投资收益率水平。因此，图书馆 CRM 可重点保障关系个性化智慧服务质量的核心客户需求，在大幅降低服务成本的前提下，提高智慧阅读服务收益率。

2. 实现读者智慧服务个性化需求的透彻感知

对读者服务个性化需求的透彻感知，是图书馆依据读者智慧服务需求、文化水平、阅读习惯、阅读心理、行业倾向、阅读终端特点和所处地域特点，有效进行个性化服务定制和推送的保证。

对读者个性化智慧服务需求信息的采集、判定、分析、获取和传递，以及对所获得信息的科学处理与高效应用，这是图书馆个性化智慧服务有效性保证的两个关键因素。

第一，图书馆应利用高性能传感器、数码相机、RFID（无线射频识别）、计算机和网络设备，对读者阅读活动进行即时感知、测量、捕获和传递，并通过高效、实时、准确和快速地分析来获得读者个性化服务需求信息。

第二，图书馆个性化智慧服务过程应是可监控、采集、量化、整合、创新和协作的，能够精确感知用户个性化服务的内容、过程、数据、环境、质量和需求。此外，图书馆应利用云服务商大数据处理平台，实现海量数据的快速处理和深度挖掘，对个性化服务的内容、过程和有效性实现透彻感知。

第三，利用大数据分析结果对读者个性化需求进行准确的分析和预测，是提高个性化服务精确度和满意度的关键。图书馆可根据对读者服务预约、微博感言、满意度调查和服务导航等数据分析的结果，准确预测读者智慧阅读的需求、内容、途径和步骤，并通过服务的预约与定制，完成个性化服务的即时推送。

3. 大数据的挖掘与整合

对读者个性化阅读需求和智能服务模式进行大数据的挖掘与整合。大数据的规模性、完整性、价值密度和可用性是对图内馆读者个性化阅读需求精确挖掘的前提。同时，也是正确评估智能服务模式的安全性、有效性和可用性，保证智能服务过程共享、开放的重要因素。

第一，图书馆应对所采集的用户数据进行深入分析和挖掘，全面发现数据内所蕴含的价值信息，实现对读者个性化服务需求的全面、即时感知。此外，应建立以读者为中心的系统、开放、连续、专业的大智慧服务模式，为用户提供创新阅读、交互阅读、远程阅读和定制阅读的个性化智慧服务模式。

第二，大数据挖掘与整合的有效性是关系图书馆个性化智慧服务决策与运维活动安全、可用的关键。因此，图书馆智慧服务应将冲破阅读模式、阅读终端、读者所处地理位置、网络传输性能和服务策略有效性对读者智慧服务的束缚，作为大数据挖掘与整合的主要目的，以确保图书馆智慧服务具有较高的科学性和前瞻性。

第三，智能服务模式的大数据挖掘与整合过程应以读者个性化特征和个人需求为中心展开，并将智慧服务贯穿于图书馆基础设施建设和服务有效性保障的全过程，为读者提供具有主动性、个性化、泛在化、人性化特点的智慧服务。

第四，读者大数据资源的挖掘与整合过程应以为用户提供全面、全方位、立体化和可定制的个性化服务为目的，不断增强读者的智慧阅读满意度和忠诚度。

4. 确保图书馆智慧服务的大数据应用过程安全、可靠

图书馆应加强大数据采集、传输、存储和应用过程中的安全管理，这样才能确保在个性化智慧服务过程中，大数据资源安全、可靠、可用和可恢复，才能为智慧服务提供有效的大数据资源支持。

在大数据时代，图书馆的读者群数量和大数据信息量呈现海量、几何级数递增趋势，传统的数据存储架构和管理模式，已不适应大数据时代读者个性化智慧服务需求。

首先，图书馆在数据的存储和管理过程中，应改变传统环境下仅简单增加存储磁盘阵列和新建管理系统的应用模式，而应将存储系统、大数据分析与管理系统、大数据挖掘系统和大数据决策系统统一整合为一个管理平台，对数据资源的存储、共享、分析和决策过程实现统一平台、统一模式管理，防止数据孤岛与负载不均衡现象发生。

其次，图书馆应加强大数据平台的访问权限管理与安全防御系统建设工作，在加强大数据平台自身安全性的同时，提高数据采集、存储、访问和应用系统与管理机制的可靠性。同时，应严格执行国家、行业的大数据技术相关安全管理规定，加强管理员、用户的访问权限与密码管理，并对不同安全需求的系统执行相应安全级别的管理策略。

最后，对读者大数据信息进行挖掘与价值发现时，应加强读者隐私保护和核心数据保密工作。可通过数据传输前的加密，防止数据被监听、窃取和篡改，确保数据具有较强的完整性、可信性和可用性。同时，应防止对数据的过度挖掘而导致读者的隐私泄漏。

5. 实现图书馆运营与服务的智慧化管理

目前，智慧图书馆的 IT 结构具有从集中式架构向分布式架构演进的趋势，并且服务系统的层次化与功能件特点将更加突出。因此，降低数据存储、管理的成本与提高智慧服务的决策效率、准确度，是实现图书信智慧化管理应重点考虑的问题。

首先，图书馆应实现数据管理的标准化操作，应以空间数据为核心和以地址数据为关联，实现空间数据和非空间数据的一体化管理。同时，需加强结构化数据与非结构化数据的精细管理和价值挖掘，为图书馆的智慧化管理和用户个性化服务提供决策依据。

其次，图书馆应加强对数据中心系统基础设施硬件运营数据、网络性能数据、服务监控数据、视频监控数据、系统运行日志和用户访问数据的采集、处理、分析与决

策工作，准确发现、评估和预测图书馆在运营与用户服务过程中，服务器的性能与负载量、安全威胁与隐患、能源消耗与资源利用效率、智慧服务读者满意度和读者的个性化需求，保证图书馆的智慧化管理与用户服务过程安全、高效、经济、低碳。

最后，图书馆应通过对读者、第三方运营商和自身服务过程的大数据资源进行分析，明确读者个性化需求、第三方运营商技术与服务优势、用户服务模式和服务能力存在的问题，并通过与其他图书馆、第三方运营商的服务联盟，实现服务资源共享和优势互补，构建一体化、多服务模式与内容、可跨越地区和系统的读者个性化智慧服务联盟，为读者提供统一资源、统一认证、统一检索、统一服务的个性化智慧服务。

第四节 构建完善高校图书馆信息服务模式的建议

一、跨地域合作模式

很多传统高校图书馆的信息资源都是对外封锁，仅仅服务于校内用户，这样会流失很多外部用户。自步入媒体信息图书馆后，尽管服务对象仍以高校内部用户为主，但高校同时也利用自身优势创建了多种对外服务，服务对象主要集中在个人和企业，比如，设立的图书参考咨询服务，为了迎合企业团体的科研要求，创建了适用于校外用户的信息查新检索服务。高校也可以根据自身资源集中的优势，使这种服务扩大化，成为一种新兴行业。比如卡尔加里大学图书馆根据当地用户需求，专门创建了一个针对校外用户收费的信息服务平台，通过这种方式，也可以获得相应的经济报酬。在信息全球化的今天，用户对信息服务的需求也跨越了地域。高校图书馆应利用自身资源的优势，开展跨地域信息服务模式，使得网络化信息服务合作模式基本成型。只有坚持合作共享，开拓区域性、全国性乃至全球性信息服务交流平台，高校图书馆的媒体信息服务才能有突破性进展。为此，我们应该努力做到信息资源全面化、服务模式人性化、外部支持多元化、服务方式网络化，从而满足用户对不同信息资源的需求。

当今社会，信息技术发展迅猛，这一社会变化带来的直接结果就是人们的信息需求量急剧增长，图书馆作为信息传输枢纽，承担着满足人们信息需求的重任。作为高校文献信息中心的高校图书馆理所当然地承担着整个学校的教学、科研的文献信息资源的保障工作。然而，随着读者信息需求量的增加，对信息服务质量要求的提高使得各高校图书馆学科馆员很难满足读者的要求。因此，通过搭建一个高校图书馆合作的平台，进行跨学校甚至是跨地域高校图书馆学科馆员协同服务，就可以在很大程度上满足读者的信息需求，为读者提供更优质、更便捷、更高效的服务。

（一）跨地域高校图书馆学科馆员协同服务的必要性分析

开展跨地域高校图书馆学科馆员协同服务具有一定的必要性：

首先，跨地域高校图书馆学科馆员协同服务，可以满足区域间协调统一发展的需要。目前，我国仍有一些地区无论在经济上还是在文化上都还处于欠发达状态，这些地区的高校图书馆服务水平较发达地区也处于落后地位，另外，我国的某些学科发达程度在国内各个区域间也不是十分协调。因此，开展跨地域高校图书馆学科馆员协同服务就显得十分必要，这样可以大大地提高我国落后地区图书馆服务水平，为当地科技文化发展提供充分的文献信息保障，从而实现区域间文化以及学科的协调统一发展。

其次，开展跨地域高校图书馆学科馆员协同服务可以满足高校图书馆信息资源与人力资源共享的需要。学科馆员在学科文献资源的基础上开展学科服务，但是目前我国各类高校，特别是专业性很强的专科学校、高职、高专等由于经费有限，都很难保证其图书馆文献资源量，因此在很大程度上会影响到读者对信息资源的获取。通过开展跨地域高校图书馆学科馆员协同服务，可以将全国范围内，甚至是世界范围内的某一学科领域的高校图书馆的信息资源进行整合，通过学科馆员提供给读者。在这样一个高校图书馆信息资源共建、共知、共享的协作模式下，各高校图书馆可以对文献资源采集进行分工，避免重复采购所造成的成本浪费。除此之外，在协同服务框架下，各高校图书馆的学科馆员可以看作是整合成的一个整体，形成某一学科内的学科馆员的交际圈，通过工作经验、技巧的交流共同为读者提供更加优质的信息服务。

再次，跨地域高校图书馆学科馆员协同服务可以满足读者信息服务的需要。当今社会是信息时代，各类信息充斥在整个社会当中，可谓信息资源的大爆炸时代。随着信息量的骤增，人们对信息服务的需求也格外突出。高校图书馆是高校为教学、科研提供文献信息保证的机构，但随着读者信息需求量的加大，往往一所学校的图书馆很难满足读者的信息服务需求。但是跨地域高校图书馆学科馆员协同服务模式的构建，可以无形中扩大图书馆的文献资源量，从而最大限度地满足读者的信息需求，为高校科研、教学提供最大水平上的文献信息资源保障。

最后，跨地域高校图书馆学科馆员协同服务，可以加强交流，促进思想碰撞。交流是人类最直接的沟通方式，通过交流人们可以了解对方的思想，从而碰撞出思想的火花，促进人类文明的进步与发展。跨地域高校图书馆学科馆员协同服务模式的构建就为不同区域间的高校图书馆的学科馆员提供了一个交流的平台，通过这个平台，来自不同地区的学科馆员可以交流工作经验、业务流程等，这样就会扩大学科馆员的眼界，提高学科馆员的综合素质与服务能力。另外，高校图书馆学科馆员的一大工作职能就是进行科学研究。通过与其他地区的相同专业的学科馆员进行交流，扩展本馆馆员的眼界与见识，通过工作经验的交流，能够极大地节省科研的工作时间与成本，这样会在很大程度上促进学科馆员进行科研的工作效率与质量。

（二）跨地域高校图书馆学科馆员协同服务的可行性分析

跨地域高校图书馆学科馆员协同服务的开展完全依赖各地高校图书馆学科馆员体制的建设。目前，我国高校图书馆基本上都认识到学科馆员对于图书馆发展的重要性，基本上都开始着手培养具有自己本校或者学科专业特色的学科馆员，这为跨地域高校图书馆学科馆员协同服务的开展打下了坚实的基础。另外，跨地域协同服务就意味着服务主体在地理位置上存在着一定的距离，这也似乎使得协同服务变得很困难。但是随着网络技术的日趋成熟与稳定，网络技术已经逐渐普及到每个人的生活之中，有了网络技术的支撑，空间上的限制已经完全不能阻碍跨地域高校图书馆学科馆员协同服务的开展。因此，我们可以说，目前网络技术已经十分成熟，学科馆员制度也在各高校图书馆如火如荼地开展，学科馆员的理念也接近成熟，开展跨地域高校图书馆协同服务十分可行。

二、提供深度信息服务模式

把深入化的信息提供模式从其服务深度归纳，我们可划分为三个方面：即纵向的垂直服务模式、横向的学科服务模式和双向结合的联合服务模式。随着现代高校图书馆用户的专业技术要求越来越高，现有的信息资源已不能满足他们对大量专业化、理性化、概念化及思想一体化信息的要求，所以除了达到他们在某一课题的信息资源共享需求外，高校图书馆有必要开展垂直化服务的深度服务模式。这是一种集某一特定专题的信息资源深入挖掘、挑选、过滤及加工，以及建立目录式索引为一体的全新信息筛选服务模式，它通过为用户输送具有专门化、个性化、精品化、高技术和创新性的信息服务而实现其特色化专题信息服务系统。它满足了现有形势下用户对高校图书馆的需求，实现了信息服务在学习科研一体化方面的愿望。在这一方面，重庆理工大学图书馆开创了垂直服务模式的先河。在目前的信息服务中，图书馆所面对的用户不仅仅是个人，还有科研单位和企事业单位，因此在高校图书馆建立一个专门处理科研单位和企事业单位的信息研究咨询服务处刻不容缓，它的存在避免了图书馆在人力资源方面的浪费，更使得图书馆的服务模式具有条理化，如今许多地方都用到了这一管理模式。例如，国家图书馆就招收了相当多的具有高学历、高素质的专业咨询人员，建立了专门的企业信息服务中心。他们的主要工作就是对国内所有的大中小型企业开展多种多样的信息咨询服务，包括媒体监测分析、行业和市场分析等，通过对各种信息的收集，筛选出对用户有用的产品信息。这一种服务模式就叫作横向的学科化服务模式，它具体表现在对某一学科领域提供系统的、深层次的信息服务，比如图书馆的服务模式，它是以学科化信息服务为主，为学科领域的发展奠定了深厚的基石。

三、建立特色的信息服务模式

随着数字图书馆发展的逐步深入，具有特色信息服务的第三代数字图书馆深受用户青睐。图书馆主要通过以下方式提供特色服务：特色的信息定制服务、特色的信息推送服务、特色的知识决策服务（数字资源检索整合系统、特色的推荐系统、网络在线服务系统）、特色信息检索系统等。为了使教学科研的需求充分解决，可以创建定期的定题跟踪服务系统，比如开展"专题信息服务"活动，为用户确立正确的科研方向和发展思路奠定了基础。为了满足用户对信息的多样化需求，可以为用户提供个性化、电子版的专题信息服务，可以通过面向校外用户建立信息检索服务的方式，满足企业及校外潜在用户的信息需求。例如，卡尔加里大学图书馆就专门针对校外用户建立了一个客户收费信息服务站，通过这个方法，不仅可以得到无形资产和收益，而且也可借此打造学校的品牌形象。通过与校外新老客户的合作与维系，沉淀客户资源，挖掘出更多的潜在客户。

微信作为目前比较完善的服务形式之一，突破了图书馆服务的时空限制，并且更便于读者和馆员之间的交流。因此，立足读者，跟随通信技术的发展，利用微信公众服务平台来划分读者群体，规划与完善服务项目，是做好图书馆个性化服务的前提与基础，而馆员的及时反馈与跟进是做好个性化服务的关键与保障。

（一）前提：划分读者群体

对读者群体进行划分是图书馆开展个性化服务的前提，通过馆员与被细化的读者群体进行对接，可以提高图书馆针对性服务效率，更有利于落实、延续和深化图书馆个性化服务。划分依据可从以下两方面考虑：一是如何划分读者群体更有利于馆员提供个性化服务；二是在发布信息、提供不同服务项目时其信息适应的是哪些读者群体。高校图书馆的服务对象主要是教师读者和学生读者，微信公众服务平台的设计在充分考虑这两大群体需求的基础上，也要对群体进行细化。

其中，学生读者群体自身具有一定的流动性，并且由于学历、专业、学期的不同，学生信息需求也各不相同，所以，除了要按学历进行划分外，也要有按院系、专业、年级的划分。对图书馆所提供的服务项目而言，针对学生的一些服务具有一定的循环性和重复性。因此，在设置服务项目、进行信息发布或推送时，要充分考虑以上特点。

相对于学生读者，教师读者群体的稳定性较高，除了教师队伍的稳定性外，教师自身的知识背景、所从事的教学活动都具有一定的稳定性，且教师所进行的科研项目之间具有一定的关联性。借助于微信公众平台，将教师读者以专业进行划分，更有利于图书馆员与教师个体进行深入交流。

总之，将专业相同的教师和本专业不同年级的学生纳入同一个馆员的服务职责范围内，可以在信息发布、资源推送、个性化咨询、代查代检等方面提供点对点服务。服务群体的专业化为信息检索技能找到专业依附，可以使馆员将有限的精力集中在某一特定专业上，利于对专业信息的深入研究，提高为师生提供专业信息服务的能力。

（二）基础：规划与完善服务项目

服务项目的设置要体现"读者本位"的理念，考虑不同读者群体不同时期的不同需求，有针对性地提供服务，进而设定服务项目。微信公众平台现有服务项目分散，服务多停留在表面，很难持续吸引读者并为读者提供深层次服务。总结以往图书馆推出的众多服务形式，为避免微信公众平台服务出现空壳效应而流于形式，需要对现有服务项目进行反思，完善服务内容，注重馆员信息发布与读者之间的对接，将图书馆服务项目进行重新规划，进而找到一种广受读者欢迎的服务模式。

（1）规划并完善现有服务项目。将目前的读者绑定、信息发布、借阅服务、读者咨询及部分学科服务项目，重新规划，一旦读者完成绑定，即可进入专属界面，接收并自动显示与自身属性相关的公告信息、借阅信息、到期提醒等。

（2）新增一些服务项目。如与学生学习相关的课表查询、成绩查询，与学生生活相关的公交查询、天气查询以及与学生就业相关的行业企业微信订阅等。

（3）落实个性化服务。借助微信平台的用户识别系统对读者进行分组管理，使读者进入与馆员一对一的咨询界面，突破读者咨询的时空限制。

（4）做好各服务项目与微信平台的对接。如数据库、教务信息查询等与平台的对接。

（三）关键：馆员的及时反馈与跟进

对读者的划分、服务项目的设置及与平台的对接是微信公众平台服务的阶段性任务。服务项目的最终落实者是馆员，其反馈与跟进情况决定了图书馆微信公众平台的服务质量，馆员的及时反馈与跟进是提高读者参与度的关键，对平台能否受到读者的持续关注具有决定性影响。

目前，图书馆提供学科服务，基本上是馆员通过电话、QQ与院系教师保持联系，与院系学生的联系尚属空白。而微信平台的出现，无异于为学科馆员与专业教师和同专业学生之间架起了一座桥梁，使馆员与读者之间可以无障碍沟通。图书馆服务可以深入到学生，如提供新生培训、学生学业资料咨询、文献检索授课以及毕业论文写作、就业信息咨询等。此外，图书馆的一些阅读信息、讲座信息、书评比赛、读书活动等都可以推送给对口专业的学生。对教师而言，除了提供有关图书馆利用方面的咨询外，还可以为特定教师提供课题资料、教学研究资料等。另外由于教师队伍及其研究的稳定性特点，通过与教师长期的接触与沟通，馆员还可以深入教师群体，挖掘其隐性信息需求。如对教师在学术论文写作中经常出现的参考文献著录不标准、符号不标准、图表问题等进行针对性的信息推送，也可针对教师在论文投稿过程中出现的问题，进行相关信息的普及。

四、增加信息推送服务的主动性模式

很多高校图书馆的服务模式都是将图书馆工作人员作为高校用户与信息资源之间往来的桥梁。用户可以根据自己的需要向图书馆员索要资料，图书馆员根据现有图书情况和读者需求提供资料。这种"读者要什么，图书馆就提供什么"的服务方式过于单一和片面。这种看似和谐的服务方式，毫无技术含量，不能满足用户的大量需求，使读者和图书馆之间形成了潜在矛盾。因为读者对图书馆的真实情况非常模糊，图书馆也无法获取读者的阅读习惯，图书馆在文献信息更新和传递方面更加滞后和缓慢，大大降低了读者获取信息的效率。所以，在实现全媒体信息化的当下，图书馆应增加信息推送的主动性服务，通过定期收集用户的阅读资料以及阅读习惯进行预测与分析，推断用户的潜在需求，通过互联网、短信等方式主动向用户介绍图书馆服务和馆藏资源的最新动态，还可以根据用户习惯向其推荐图书馆的最新服务信息，并定期与用户进行沟通交流、让用户对服务进行客观评价，对评价不好的结果及时采取有效措施，全面提升服务质量。

（一）高校图书馆信息推送服务存在的问题

信息推送服务作为高校图书馆管理服务中的重要部分，极大地提高了图书馆的服务效率，丰富了读者获取信息的途径，直接推动了我国高校图书馆信息化建设的步伐。然而，信息推送技术作为一门新技术在我国高校图书馆中起步相对较晚，因此，现有的高校图书馆信息推送服务研究还存在一些问题。

1. 推送内容来源狭窄

信息推送内容作为信息推送服务的主体，是为用户提供服务的基础，其质量的高低直接决定了信息推送服务的成功与否。目前，高校图书馆的信息推送内容主要包含图书馆馆藏的纸制和电子文献资料、图书馆自建的特色信息以及相应的活动公告。而这些信息相对比较单一，对用户的吸引力也不是很高。另外，现有的图书馆推送信息内容主要由图书馆工作人员根据本馆的信息进行整理进而推送给用户，这种方式不仅增加相应工作人员的工作量，同时由于没有深入了解用户的需求，使得所推送出的信息内容很大程度上成为"信息噪音"，不能为用户所使用。

2. 推送服务方式单一

信息推送服务方式作为信息推送服务的渠道，为用户提供了一个接受信息的载体，是决定用户能否快速、准确接收推送信息的关键因素。然而，现有国内高校的信息推送服务方式相对比较单一，并且推送范围也相对比较狭窄，大多局限于图书馆所使用的信息推送软件，如清华大学图书馆 TPI 系统、中国人民大学的 DLPers 推送服务系统、厦门大学图书馆知识资源港软件等。这些软件在集成个性化推送信息服务方面也相对比较薄弱，缺乏整合的资源和服务项目，不便于用户的个性化使用。另外，随着 RSS、博客、微信、QQ 空间、人人网等网络信息技术的发展和平台的构建，信息推送服务面临着更加个性化的需求。

（二）高校图书馆信息推送服务模式

高校图书馆作为高校师生用户获取知识信息的主要信息部门平台，必须具有快速、高效、科学合理的服务模式。通过对现有的高校信息推送服务进行分析，可以发现，高校图书馆信息推送服务过程主要包含推送内容获取、推送内容传送以及推送内容收取等过程。其中，信息获取主要是指图书馆工作人员根据不同的渠道来源获取到用户所需要的信息以及热门的知识信息，并将这些信息进行有效的整合和集成的过程；而推送内容传递主要是指高校图书馆工作者根据不同的用户需求，将所整理的信息以不同的推送模式、不同的推送渠道将整理后的信息推送给不同用户，满足不同用户的信息需求的过程，而推送内容收取主要是用户接收信息的过程具体高校图书馆信息推送服务模式。

推送内容获取、推送内容传送作为信息推送服务模式的主体框架，是整个信息推送服务模式的关键模块。信息推送内容获取模块作为信息推送模式平台的信息收集器，将所获得到的用户资源、馆藏资源以及其他馆外信息资源进行筛选整合，是信息推送服务的信息源泉。而信息推送服务方式主要是根据现有的信息推送渠道，根据用户的不同需求，以用户最容易接收的方式推送给用户。

1. 推送内容获取

网络技术的快速发展，为知识信息的及时传送提供了有力保障，致使高校图书馆用户对知识信息的求新求快需求也越来越强烈。相对于以往的高校图书馆用户，现在的用户更注重于信息的时效性，更加迫切地想获取到内容新颖、时效性强以及易于获取的各类信息。而这就需要图书馆工作人员在现有的网络信息环境条件下，对相关信息进行收集获取。

（1）信息抽取。信息抽取是结合浅层的简化文本抽取技术，对结构化、半结构化以及非结构化的文本信息进行理解并抽取概要信息的过程。现有的信息抽取技术主要包含知识发现、数据挖掘、信息检索等技术。针对高校图书馆信息推送服务，使用信息抽取技术主要是指图书馆工作人员结合本校所有的信息抽取技术，在本校馆藏书籍以及其他信息载体上，对不同时间段的热门信息以及不同学科领域的专业知识进行信息抽取。

信息抽取技术同样可以帮助图书馆工作人员实现对用户的需求以及兴趣进行抽取，从而构建用户兴趣模型，实现对用户的个性化信息推送。如针对用户的日常浏览记录，结合信息抽取技术实现对用户的兴趣、近期阅读需求以及阅读习惯的统计，同时根据高校图书馆中所记录的用户注册信息构建不同的用户模型。进而，图书馆信息推送平台可以将不同时段所要推送的信息与不同的用户信息进行比对，有针对性地对不同用户进行信息推送，达到其个性化需求。

（2）用户反馈。用户是信息推送服务的对象，也是图书馆信息推送服务质量的最终评判者。而高校图书馆信息推送服务的对象主要是校内工作的老师和学生。因此，高校图书馆可以主动借助各种渠道和技术手段，充分及时地了解用户的信息需求，并通过对用户以及用户的需求反馈进行分析和分类，发掘不同类用户在不同阶段的信息需求，进而可以有针对性地去获取最新的信息，并利用信息推送技术，及时将有关信息反映给用户。

2. 推送内容传送

推送内容传送主要是借助现代信息交流工具，为用户与资源、用户与图书馆员之间的有效沟通提供信息传递的渠道。针对高校图书馆用户的特殊性，在信息推送的过程中，可以结合广播式的"一对多"和个性化的"一对一"的信息传送方式实现推送信息内容传送。

（1）"一对多"信息传送方式

"一对多"信息传送方式主要是指在高校图书馆信息推送服务中，将一些公共的信息以广播的形式向全校用户进行信息传送。其中，公共信息主要是指一些与学校或图书馆相关的公共新闻、最新活动以及学术动态等信息。而这类信息的推送方式主要是指图书馆已建成的图书馆门户网站、信息推送服务软件以及学校或图书馆公共博客平台等。这种信息传送方式具有广泛性和方便性，不仅能够使高校用户根据自我需求进行选择性的浏览，同时，能够实现信息的广泛传播。

（2）"一对一"信息传送方式

"一对一"信息传送方式主要是根据不同用户的需求，有针对性地将所要推送的信息传送给不同的用户，同时，可以通过定制服务，将用户所定制的信息主动传送给用户。该信息传送方式主要以用户的个性化需求为牵引，结合所构建的用户兴趣模型，对用户实现单独的信息推送。这类信息主要包含与用户需求相关的新增电子资源和图书文献、个人借阅信息以及借阅超期通知公告等。由于这类信息属于个性化信息，因此，需要借用非广播式的传送方式进行推送，如：手机短信、微信、电子邮件等。这类信息传送方式由于其持久性以及独特性，使得用户在接收推送信息的过程中，避免因接收与自我无关的垃圾信息而造成时间与精力的浪费。

参考文献

[1] 李金.大数据时代高校图书馆信息服务模式创新研究[J].海峡科技与产业,2022,35(06):54-56.

[2] 李卉.大数据时代高校图书馆数字资源服务创新分析[J].电子元器件与信息技术,2021,5(04):23-24.

[3] 刘羽中.大数据时代高校图书馆信息服务创新研究[J].长江丛刊,2021(08):90-91.

[4] 吴文光.数字环境下高校图书馆化学学科书籍文献信息服务分析——评《大数据时代高校图书馆智慧化学科服务研究》[J].化学工程,2021,49(01):4.

[5] 王蕾,高翔,马波.借阅行为大数据应用于高校图书馆服务创新的路径分析[J].大学图书情报学刊,2020,38(06):107-110+120.

[6] 樊秋萍.浅谈大数据背景下高校图书馆个性化信息服务模式创新[J].财富时代,2020(09):226-227.

[7] 张璐.大数据时代高校图书馆信息素养创新教学分析[J].图书情报导刊,2020,5(08):20-25.

[8] 王昊,贾璨.大数据背景下高校图书馆个性化信息服务模式创新[J].办公自动化,2020,25(11):32-34.

[9] 邓静智."互联网+大数据"背景下广西高校图书馆读者服务创新化发展策略研究——基于广西财经学院图书馆数据的SWOT分析[J].产业与科技论坛,2020,19(07):116-117.

[10] 吴俊绒.大数据时代高校图书馆服务创新策略研究——评《大数据时代高校图书馆信息服务创新研究》[J].新闻爱好者,2019(12):106-107.

[11] 赵昕,高珑,王祥伟.大数据时代高校图书馆信息服务趋势分析[J].产业与科技论坛,2019,18(19):121-122.

[12] 赵战曲.基于大数据的高校图书馆信息服务创新研究[J].电脑知识与技术,2019,15(07):35-36.

[13] 张伟民. 大数据背景下高校图书馆信息服务工作创新[J]. 内蒙古科技与经济, 2019（02）：108-110.